20 Sonetos

UNIVERSIDADE ESTADUAL DE CAMPINAS

Reitor
MARCELO KNOBEL

Coordenadora Geral da Universidade
TERESA DIB ZAMBON ATVARS

Conselho Editorial

Presidente
MÁRCIA ABREU

ANA CAROLINA DE MOURA DELFIM MACIEL – EUCLIDES DE MESQUITA NETO
MÁRCIO BARRETO – MARCOS STEFANI
MARIA INÊS PETRUCCI ROSA – OSVALDO NOVAIS DE OLIVEIRA JR.
RODRIGO LANNA FRANCO DA SILVEIRA – VERA NISAKA SOLFERINI

Luís de Camões

20 Sonetos

INTRODUÇÃO E EDIÇÃO COMENTADA
Sheila Hue

EDITORA UNICAMP

FICHA CATALOGRÁFICA ELABORADA PELO
SISTEMA DE BIBLIOTECAS DA UNICAMP
DIRETORIA DE TRATAMENTO DA INFORMAÇÃO
Bibliotecária: Maria Lúcia Nery Dutra de Castro – CRB-8ª / 1724

C149v
Camões, Luís de, 1524-1580.
20 Sonetos / Luís de Camões; introdução e edição comentada: Sheila Hue. – Campinas, SP: Editora da Unicamp, 2018.

1. Poesia portuguesa 2. Poesia portuguesa – crítica e interpretação. 3. Poesia lírica. 4. Renascimento. 5. Sonetos. I. Hue, Sheila . II. Título.

ISBN 978-85-268-1460-8

CDD 869.124
808.814
940.21

Copyright © by Sheila Hue
Copyright © 2018 by Editora da Unicamp

2ª reimpressão, 2020

Opiniões, hipóteses e conclusões ou recomendações expressas neste livro são de responsabilidade dos autores e não necessariamente refletem a visão da Editora da Unicamp.

Direitos reservados e protegidos pela lei 9.610 de 19.2.1998.
É proibida a reprodução total ou parcial sem autorização, por escrito, dos detentores dos direitos.

Foi feito o depósito legal.

Direitos reservados a

Editora da Unicamp
Rua Sérgio Buarque de Holanda, 421 – 3º andar
Campus Unicamp
CEP 13083-859 – Campinas – SP – Brasil
Tel./Fax: (19) 3521-7718 / 7728
www.editoraunicamp.com.br vendas@editora.unicamp.br

SUMÁRIO

INTRODUÇÃO AOS SONETOS DE CAMÕES 7

NOTA SOBRE ESTA EDIÇÃO 41

SONETOS E COMENTÁRIOS

I – ENQUANTO QUIS FORTUNA QUE TIVESSE 45
Comentário ao Soneto I 46

II – TRANSFORMA-SE O AMADOR NA COUSA AMADA 51
Comentário ao Soneto II 52

III – BUSQUE AMOR NOVAS ARTES, NOVO ENGENHO 57
Comentário ao Soneto III 58

IV – ALMA MINHA GENTIL, QUE TE PARTISTE 61
Comentário ao Soneto IV 62

V – DE VÓS ME APARTO, Ó VIDA, EM TAL MUDANÇA 67
Comentário ao Soneto V 68

VI – SETE ANOS DE PASTOR JACÓ SERVIA 71
Comentário ao Soneto VI 72

VII – ESTÁ O LASCIVO E DOCE PASSARINHO 75
Comentário ao Soneto VII 76

VIII – PEDE O DESEJO, DAMA, QUE VOS VEJA 79
Comentário ao Soneto VIII 80

IX – MUDAM-SE OS TEMPOS, MUDAM-SE AS VONTADES 83
Comentário ao Soneto IX 84

X – QUANDO DE MINHAS MÁGOAS A COMPRIDA 87
Comentário ao Soneto X 88

XI – COMO QUANDO DO MAR TEMPESTUOSO 91
Comentário ao Soneto XI 92

XII – AMOR É UM FOGO QU'ARDE SEM SE VER 95
Comentário ao Soneto XII 96

XIII – O CÉU, A TERRA, O VENTO SOSSEGADO 99
Comentário ao Soneto XIII 100

XIV – CÁ NESTA BABILÔNIA, DONDE MANA 105
Comentário ao Soneto XIV 106

XV – VENCIDO ESTÁ DE AMOR MEU PENSAMENTO 109
Comentário ao Soneto XV 110

XVI – NA RIBEIRA DE EUFRATES ASSENTADO 113
Comentário ao Soneto XVI 114

XVII – AH MINHA DINAMENE, ASSI DEIXASTE 117
Comentário ao Soneto XVII 118

XVIII – O TEMPO ACABA O ANO, O MÊS E A HORA 121
Comentário ao Soneto XVIII 122

XIX – A FERMOSURA DESTA FRESCA SERRA 125
Comentário ao Soneto XIX 126

XX – O DIA EM QU'EU NASCI MOURA E PEREÇA 129
Comentário ao Soneto XX 130

BIBLIOGRAFIA 135

FONTES DAS FIGURAS 141

INTRODUÇÃO AOS SONETOS DE CAMÕES

Uma palavra central em Camões é viagem. Deslocamento para outros hemisférios, encontro com terras e culturas remotas e estranhas, mas ligadas a Portugal – e ao Brasil – por meio de extensas rotas marítimas muito frequentadas, que cortavam o globo terrestre de um lado a outro. Lisboa, Coimbra, Moçambique, Goa, Macau, o mar Vermelho, o Malabar e o Vietnã, entre outras regiões, são os cenários que enquadram o viajante, soldado e também poeta em sua peregrinação pelo império português, que se estendia até o Japão.

Viagem também intelectual, pelas vastas paisagens poéticas que frequentava desde menino, com certeza. O enorme, sólido e inteligente conhecimento que Luís de Camões mostra, em seus versos, sobre matérias como filosofia antiga, medieval e renascentista, literatura e gramática latinas, retórica, poesia espanhola moderna e medieval, entre outras, mostra como a educação formal que recebeu foi de primeira linha, conjugando o antigo conhecimento tradicional da Idade Média às novas matérias introduzidas pelo Humanismo renascentista.

O mundo em que Camões cresceu e viveu mudava rapidamente, seja na produção e na divulgação de conhecimento por meio de livros impressos, seja no deslocamento intenso entre os continentes, seja no modo de vida tanto dos que ficavam quanto dos que partiam. Nos armazéns da Alfândega da cidade em que viveu, Lisboa, havia mercadorias de todas as partes do mundo conhecido e falavam-se línguas europeias, americanas, africanas e orientais. Como descreveu um amigo próximo, André Falcão de Resende, Lisboa era "um compêndio do mundo".

A joia da Coroa eram as chamadas Índias Orientais, onde Camões viveu durante 17 anos. Era tal a movimentação de pessoas e bens entre Portugal e as regiões banhadas pelo Índico que a palavra Índias passou a designar *riquezas* em bom português. O contato com o Oriente foi tão próximo que o termo *chatinar*, palavra oriental que designa comerciar, integrou-se ao vocabulário cotidiano em Portugal. A chatinagem, como se dizia, amparava-se no projeto das Coroas ibéricas, Portugal e Espanha, de colonização do Novo Mundo, incluindo a América, a África, a Índia e as ilhas orientais, de onde vinham as valorizadas especiarias. Segundo os próprios colonizadores, o objetivo principal era expandir "a fé e o império", como resumiu Camões em *Os Lusíadas*, ou seja, levar a religião católica e a monarquia portuguesa aos quatro cantos do mundo.

No Oriente, a dominação portuguesa sobre os povos e sítios locais se mantinha em um estado permanente de guerra. Luís de Camões era um soldado, engajado em batalhas e movimentações militares. Era também um poeta, em que se manifestavam, em língua portuguesa, de forma singular, as tradições medievais e a modernidade renascentista. Ele mesmo construiu em seus versos a autoimagem de soldado-poeta, feita à medida de um ideal de homem de sua época. "Numa mão sempre a espada, e noutra a pena", escreveu em *Os Lusía-*

das, como uma espécie de lema de vida. Neste livro de sonetos, veremos como Luís de Camões brande a pena, esgrimindo com os grandes poetas, seus modelos, em uma aventura inovadora que deixaria marcas perenes na poesia em língua portuguesa.

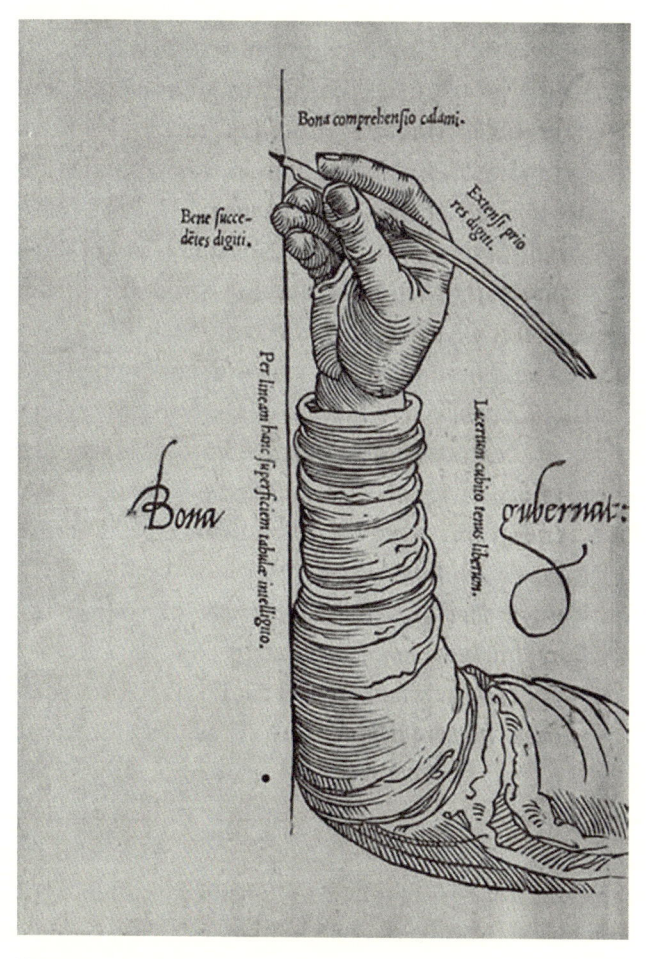

Figura 1 – Imagem de uma pena de escrever segundo Gerard Mercator em 1540.

As letras humanas

Luís de Camões, para além de ser um fruto do Renascimento e do Humanismo, é também um poeta nosso contemporâneo. Sua poesia permanece contemporânea dos leitores que dela se aproximam e que se identificam com as emoções e os sentimentos ali descritos. Esses leitores, os de hoje e os de ontem, admiram-se também com o ritmo e a sonoridade dos versos, e sentem como os afetos narrados e a forma sonora de contá-los estão inteiramente casados. Essa capacidade da poesia de Camões de falar com os leitores de todos os séculos é o que faz dela uma obra clássica, no sentido em que sempre dialoga com as questões de cada período, sempre tem algo a dizer, geração após geração.

O encanto do leitor de todas as épocas com a poesia lírica camoniana é também produto daquilo que o próprio autor definia como "engenho e arte". "Engenho" significava talento e dependia apenas do poeta, de sua centelha individual, enquanto "arte" queria dizer técnica, o saber fazer, o conhecimento de uma ampla tradição literária.

Se, desde o século XIX, as artes passaram a se pautar na originalidade e no novo, condenando a cópia ou a imitação, no momento em que Camões escreveu sua obra, os processos criativos eram diferentes daqueles instaurados no Romantismo. A arte no século de Camões – e também no XVII e no XVIII – guiava-se pela prática da imitação de modelos, como recomendado na *Arte poética* de Horácio. Os modelos eram os grandes autores e obras da Antiguidade greco-latina – daí os historiadores do século XIX terem designado o período como "Renascimento", significando um reviver da cultura clássica grega e latina. A arquitetura, a escultura, a pintura e toda uma série de gêneros discursivos, tais como a poesia, a carta, a biografia, o teatro, a história, se realizavam mediante a imitação de modelos. Empregavam-se formas de dizer, imagens, lugares (*topoi*), temas e motivos, o que incluía também uma série de regras para cada gênero – que, diga-se, os grandes poetas e autores sempre quebraram. De toda forma, essa maneira de agir, pautada no diálogo constante com os modelos "renascidos", não pretendia imitá-los servilmente, mas superá-los e fazer ainda melhor, como ensinava Horácio, atualizando-os em um novo tempo. Era o que se chamava de Estudos Humanísticos, em latim *Studia Humanitatis*.

Daí vem o termo Humanista, aquele que estuda os textos antigos, os areja e refresca, edita renovadas versões dos clássicos, produz comentários e interpretações, iluminando-os com a luz da modernidade. O processo resultou em novas leituras e inéditas conciliações, como a do catolicismo do século XVI com a filosofia moral latina do século I a.C. O culto das letras antigas, vistas como exemplares, terá repercussões não apenas nas artes, como em diversas áreas do conhecimento e da atuação humana, e mediará também o encontro dos europeus com outras culturas no período dos Descobrimentos, dando origem, por exemplo, a peças de teatro faladas em latim e tupi, como as escritas pelo padre José de Anchieta para catequizar os índios do Brasil.

As chamadas "letras humanas" eram vistas como o elemento que dava ao homem a sua essência humana, a sua dignidade. Essa concepção de mundo baseava-se na crença na capacidade do homem de alcançar, através do estudo e da razão, uma vida virtuosa, correta e atenta ao bem da comunidade. Essas ideias vinham da filosofia moral latina, de autores como Cícero, Sêneca e Catão. O Humanismo era, portanto, também cívico, pois acreditava numa sociedade equilibrada e justa, e punha nas mãos dos homens a responsabilidade pela sua realização. Dizia-se "letras humanas" (sabedoria escrita por autores antigos) para marcar a diferença com as "letras divinas" (a sabedoria da *Bíblia* e dos patriarcas da Igreja).

O Humanismo representa, portanto, a confiança na inteligência, na atuação e na produção de conhecimento do homem, em um mundo profundamente marcado pela doutrina católica, em que Deus era o fim último e o arquiteto de todas as coisas. Em realidade, o que ocorre naquele período não é um total deslocamento do sentido do mundo, passando de centrado em Deus na Idade Média para ser centrado no homem, no Renascimento. Essa inversão não aconteceu. Primeiro, porque não há uma cisão total entre os dois períodos. Ao contrário, eles se superpõem e se interalimentam. Segundo, porque os humanistas – esses mesmos que achavam que o homem deveria modelar o mundo segundo padrões morais bebidos nos filósofos latinos Cícero e Catão – eram católicos, produtos da educação cristã. Por isso mesmo, ao lerem e estudarem a filosofia antiga, estabeleceram uma relação direta e conciliadora entre os autores da Antiguidade e a doutrina cristã. Mas a junção do catolicismo com os textos clássicos lidos de forma nova e as questões que daí emergiram nem sempre estiveram em harmonia com os ditames da Igreja. Para dar um exemplo, o escritor italiano Pico della Mirandola, autor do *Discurso sobre a dignidade do homem*, considerado o manifesto do Renascimento, foi processado e excomungado por heresia. A relação entre a Igreja católica e o Humanismo renascentista viveu altos e baixos, e nem todos tiveram a sorte do pensador italiano, que, anos depois, foi readmitido na Igreja. Os próprios sonetos de Camões foram alvo da censura da Igreja, e algumas edições da sua poesia lírica foram publicadas com cortes e modificações impostas pelos padres revedores da Santa Inquisição, que não tolerava muito bem a temática amorosa.

> **LICENÇAS:**
>
> Vi este quaderno, & o parecer dos Padres reuedores, & me parece que mudado, & riscado o que em seus lugares de minha letra aponto, tudo o mais se pode imprimir. Em Sam Domingos. 30 de Ianeiro de 615.
>
> *Frey Vicente Pereyra.*
>
> Vi estas duas Comedias de Luis de Camoés, & não tem cousa obstante a se tornarem a imprimir, no collegio de S. Agostinho. De Lisboa a 11. de Iulho de 605.
>
> *Frey Antonio Freyre.*

Figura 2 – "Vi este caderno e o parecer dos padres revedores, e me parece que mudado e riscado o que em seus lugares de minha letra aponto, tudo o mais se pode imprimir." Licença da Santa Inquisição para a publicação das *Rimas de Luís de Camões – Segunda parte*, 1616.

O programa educacional e ético das letras humanas garantia um lugar especial para a poesia. Se a palavra, a linguagem, era a característica determinante da natureza humana, segundo entendiam os humanistas, a poesia seria uma de suas mais altas realizações. Pico della Mirandola diz que o homem "é grande", e a medida dessa grandeza vinha também do musical discurso elevado, moral, pedagógico e filosófico da poesia.

O padrão era alto, diretamente proporcional à estatura dos modelos. Os poetas da segunda metade do século XVI em Portugal, na Espanha, na França, na Inglaterra, no Brasil, na África, na Índia ou na China, dialogavam com versos e imagens de poetas da Antiguidade grega e latina, como Safo, Alceu e Píndaro, e como Horácio, Ovídio e Virgílio, mas tinham também modelos poéticos mais recentes. Dos séculos XIII e XIV vinham os integrantes do *Dolce stil nuovo* (doce estilo novo), principalmente Dante, e vinha também a mais importante influência na poesia europeia daquela época, Francesco Petrarca, tão marcante que sua ampla presença na poesia do Renascimento ganhou o nome de petrarquismo. Havia ainda outros modelos invocados pelos contemporâneos de Camões, muito mais recentes. Da primeira metade do século XVI eram muito admirados e imitados os poetas italianos Jacopo Sannazaro, reinventor da écloga (poema pastoril) clássica, Pietro Bembo, Bernardo Tasso, e os espanhóis Garcilaso de la Vega e Juan Boscán. Estes eram os principais modelos para a poesia lírica. Juntos, formavam um acervo comum, uma biblioteca compartilhada por todos, um material familiar aos que escreviam esse gênero de versos.

    Essa biblioteca comum passava por um processo de atualização e renovação nas mãos dos poetas. Um bom exemplo disso é o afresco *O Parnaso*, pintado por Rafael no palácio do Vaticano por encomenda do papa Júlio II. Na pintura, vemos as nove musas, que regem as artes, além de nove poetas da Antiguidade e também nove modernos, renascentistas. No centro da pintura, Apolo, o deus das artes, toca um instrumento musical. Esse instrumento, como que para ilustrar a modernização da cultura clássica efetuada pelo Renascimento, não é grego nem romano, mas contemporâneo do pintor, um tipo de viola usado nos salões italianos no século XVI.

Figura 3 – Apolo tocando uma viola de arco. Detalhe da obra *O Parnaso*, de Rafael, 1511.

O processo de imitação e recriação dos modelos dava-se não apenas em relação a autores de distintas épocas, mas também ocorria em vários níveis. Podemos notar, por exemplo, como Luís de Camões tem no espanhol Garcilaso de la Vega uma espécie de mestre, de quem retirava versos, nomes, imagens e ideias, e de quem seguiu o modelo de soldado-poeta na construção de uma *persona* poética, ou seja, de uma imagem de poeta. Quando Camões era jovem, Garcilaso já era um mito não apenas na Espanha, mas também em Portugal – os dois reinos compartilhavam um sistema literário comum. Morto em campo de batalha, jovem, o poeta espanhol reunia todos os requisitos do homem ideal daqueles tempos. Era nobre, bem feito de corpo, bonito, próximo ao imperador Carlos V, destacava-se em batalhas, viajou para vários cantos do mundo, era um cortesão estimado e tinha uma cultura humanística notável. Além disso, era um excepcional poeta, cantor de amores difíceis, desterros, lamentos, dono de uma pequena porém reverenciada obra. "Tomando ora a espada, ora a pluma", escreveu o espanhol, inspirando Camões a formular: "numa mão a espada, noutra a pena". Se, como diz Consuelo Burell em sua edição da obra do poeta espanhol, Garcilaso coloniza a poesia italiana, ao imitá-la e recriá-la em espanhol, podemos dizer que Camões coloniza, em português, não apenas a italiana, mas também a poesia de Garcilaso.

Os inovadores e a "medida nova"

A geração de Camões levou a cabo uma grande transformação nas letras portuguesas. O Renascimento, oriundo da Itália, onde já no século XV grandes eventos e obras tiveram lugar, chega tardiamente a algumas paragens, entre elas a península Ibérica e a Inglaterra. A poesia praticada em Portugal e na Espanha, desde o declínio da lírica dos trovadores medievais, era aquela conhecida como "medida velha". Versos de sete sílabas e formas como a balada, o vilancete e a cantiga compunham o amplo repertório poético da península, parte dele publicado no *Cancioneiro geral* de Garcia de Resende, em 1516. As novas formas poéticas vindas da Itália, como o soneto e a canção, e aquelas vindas da Antiguidade greco-romana e reaclimatadas na Itália renascentista, como a ode, a elegia e a écloga, essa nova poesia, chamada de "medida nova" em Portugal, se espalharia por todas as línguas europeias e só viria a ser praticada em língua portuguesa a partir de Francisco Sá de Miranda (1487-1558), o grande pioneiro.

Esse precursor do soneto figura como o único de sua geração a escrever ao modo itálico, como então se dizia. Além disso, atuou como mestre e incentivador dos poetas contemporâneos de Camões, o que podemos acompanhar pelas muitas cartas em verso que ele trocou com vários desses jovens autores. Foi a geração de Camões a responsável por aclimatar de vez o decassílabo (a nova medida métrica trazida da Itália) à língua portuguesa, até então acostumada à redondilha tradicional ibérica, com versos de sete ou cinco sílabas. Foi a sua geração que fez com que falassem português as matérias e as imagens chegadas juntamente com as novas formas poéticas. Esse processo não aconteceu de uma hora para a outra, mas veio se desenvolvendo à base de muita experimentação. "Ainda não caio bem nos sonetos", escreveu Diogo Bernardes, um dos jovens empenhados em escrever na nova maneira e um sonetista tão bom quanto Camões.

Em sua época, esses homens foram poetas modernos, inovadores. Juntos, criaram um "novo estilo, um novo espanto", como disse Camões em um de seus poemas. Escreveram sonetos, canções, odes, elegias e éclogas com sonoridades e ritmos novos para a língua portuguesa, abrindo um caminho de expressão melódica e poética que sentimos até hoje na poesia e na música popular brasileira. O uso da língua portuguesa era muito menos regrado e normatizado do que é hoje. Para termos uma ideia, a primeira gramática portuguesa foi publicada em 1536, a segunda em 1540, e o primeiro dicionário português-latim é de 1562. A língua ainda não estava normatizada, e tanto os manuscritos quanto os livros impressos exibem uma ampla variedade de ortografias e formas de dizer. Foi nesse ambiente linguístico que a geração de

Camões experimentou e realizou grandes conquistas. Nos sonetos podemos observar, por exemplo, como Camões posiciona as palavras no verso não seguindo a sintaxe cotidiana, mas arranjando-as em ordenações não convencionais, aproximando-se do modo da língua latina.

As tradicionais redondilhas não foram abandonadas ou substituídas pela nova moda. Ao contrário. As trovas de versos de sete e cinco sílabas conviveram pacificamente com as recém-chegadas formas poéticas e, ainda, fertilizaram-nas com sementes peninsulares, dando origem à personalidade da poesia portuguesa renascentista. Escreviam-se igualmente poemas ao modo tradicional, usando os temas e as formas ibéricas, mas também os gêneros novos em Portugal, como o soneto, o que terminou por provocar interessantes relações entre os modos antigos e os novos.

Escrever em português nos novos metros vindos da Itália, integrar a poesia moderna europeia, era visto como uma atitude nacionalista, como um processo de "ilustrar" a língua portuguesa, elevá-la a um alto patamar cultural, antes ocupado pelo latim, idioma internacional dos humanistas e da Igreja. Também na França os poetas introdutores dos novos metros, da geração conhecida como a *Pléiade*, defenderam que as línguas vulgares (o francês, o italiano, o espanhol, o português, idiomas neolatinos) deveriam se enobrecer e atingir um novo patamar cultural, antes ocupado pelo latim, por meio da atuação de seus escritores e poetas na renovação e na ampliação das capacidades expressivas da língua. A poesia, portanto, fazia parte também de um projeto político que articulava o nacionalismo, a identidade nacional e a língua, em um momento de formação do Estado moderno.

Petrarquismo e neoplatonismo

Além do aspecto retórico dos novos gêneros poéticos – suas regras, normas e convenções letradas pautadas na imitação –, havia ainda certas correntes de pensamento que atravessavam a poesia daqueles tempos. Alguns poetas eram horacianos – seguidores do *carpe diem* e da áurea mediania (espécie de caminho do meio) do poeta latino Horácio –, maduros e ponderados, e refletiam sobre o passar e o sentido da vida. Outros poetas eram petrarquistas – seguidores da lírica amorosa de Petrarca –, e dedicavam-se a escrever de forma engenhosa os conceitos filosóficos em torno do amor idealizado. Os sonetos de Camões se encaixam nesse segundo grupo. A especulação filosófica sobre o amor era uma moda disseminada por toda a Europa no século XVI. A tal ponto que se faziam piadas sobre os que amavam em pensamento, no plano das ideias, "pela passiva", e os que amavam com o corpo, fisicamente, "pela ativa", como classifica uma personagem do teatro de Camões, ridicularizando os cortesãos que agiam na vida real como se estivessem entre as quatro paredes de um soneto.

Os sonetos renascentistas são embebidos de neoplatonismo, pois esses escritores eram leitores entusiasmados de autores como o italiano Marcílio Ficino, tradutor e comentador de *O banquete*, o diálogo de Platão sobre o amor, e como o português Leão Hebreu, cujos *Diálogos do amor* foram um *best-seller* em todo o continente. O neoplatonismo desses autores, abraçado com fervor pelos poetas do Renascimento, realizava uma leitura católica do diálogo platônico. A contemplação do bem e da beleza da mulher amada efetuava, segundo sustentavam, um encontro com a essência de Deus. Através do amor por uma bela mulher, e unicamente mediante a sua visão, o poeta ascendia espiritualmente ao plano divino. E não era necessário ler os próprios filósofos para ter contato com esses conceitos, que encontramos em vários sonetos de Camões. Como nos ensina o professor José V. de Pina Martins, "todas as pessoas cultas do século XVI conheciam indiscutivelmente Platão por um contato direto ou indireto: Platão se encontrava um pouco por todos os lugares, sentia-se sua influência nos livros, era admirado nas artes, escutado na música, e aprendido nos jogos de salão, e não seria exagerado dizer que era respirado junto com o ar".

Muito esclarecedor a respeito do neoplatonismo é o diálogo *O cortesão*, de Baldassare Castiglione, também um *best-seller* daquele tempo. Uma das personagens – são todas figuras reais – é Pietro Bembo, poeta italiano petrarquista e neoplatônico, modelo para as gerações seguintes. Seu discurso na parte final do livro elucida, para a plateia de homens e mulheres da corte, o seu ideal de amor: o cortesão deve fechar a porta aos desejos do corpo, deve fugir do amor "vulgar e baixo". "É preciso que o cortesão, com a ajuda da razão, troque totalmente o desejo do corpo pelo da beleza somente, e, quanto mais puder, a contemple em si mesma", ensina o poeta. O resultado seria a visão da beleza divina, quando o corpo poderia ser dominado pelo sono ou sugado pela imaginação (a "maginação" do soneto camoniano, o décimo desta edição). Nessa união com a beleza divina, "livres de nós mesmos, como verdadeiros amantes" podemos "transformar-nos no ser amado", declara Bembo, em uma linha especulativa que viria a dar origem ao soneto "Transforma-se o amador na coisa amada" de Camões, entre outros poemas do período.

O petrarquismo, moda poética que consistia em traduzir, adaptar, imitar e recriar a poesia de Francesco Petrarca, particularmente a do *Cancioneiro* – ampla recolha poética, com formato biográfico, a respeito do amor do poeta por Laura –, também veiculava a oposição entre o amor físico e o espiritual. Em uma parte do *Cancioneiro* Laura está na viva e na outra morta, o que não impede, muito pelo contrário, que o amor do poeta continue sendo cantado, visando a uma amada idealizada. Na poesia de Petrarca, o amor não apenas se divide em pulsões opostas, a física e a elevada (sensual *versus* divina), como também se deixa explicar por meio de pares opositivos, antíteses, oximoros, paradoxos, em uma coleção de imagens, de vocabulário, de esquemas rimáticos e de sonoridades que serão um manancial não apenas para Camões, como para gerações de poetas. Mesmo o tipo físico da mulher amada será uniformizado a partir da loura Laura, branca e distante, como mandava o recato da mulher católica.

Muitos dos sonetos de Camões são petrarquistas e neoplatônicos, pois lidam com as linhas desse manancial e as refundem, dialogando com leituras tanto filosóficas quanto poéticas. Mas alguns deixam ver um certo humor com as convenções letradas de sua época, a exemplo da personagem de seu teatro, o servo Duriano, que classifica Platão e os poetas petrarquistas de "hipócritas" por negarem o amor "pela ativa". Camões também é autor de um poema antipetrarquista, em redondilhas, em que canta a escrava Bárbara, uma beleza negra, sossegada e cotidiana, em oposição aos tumultuosos sentimentos poéticos suscitados pelas idealizadas louras petrarquistas.

[...]
Nem no campo flores,
Nem no céu estrelas
Me parecem belas
Como os meus amores.
Rosto singular,
Olhos sossegados,
Pretos e cansados,
Mas não de matar.

Ua graça viva,
Que neles lhe mora,
Para ser senhora,
De quem é cativa.
Pretos os cabelos,
Onde o povo vão
Perde opinião
Que os louros são belos.

Pretidão de amor,
Tão doce a figura,
Que a neve lhe jura
Que trocara a cor.
Leda mansidão,
Que o siso acompanha,
Bem parece estranha,
Mas bárbara não. [...]

Como escreveu o professor José V. de Pina Martins, numa importante lição sobre o platonismo e o petrarquismo do poeta, "Camões, contudo, por sua originalidade e pela potência de seu gênio literário, conseguiu transformar o peso dessa cultura e nos deu uma poesia incomparavelmente viva, onde os sinais de sua aprendizagem clássica se tornam pura música das ideias, de sentimentos e de palavras".

Figura 4 – Figuras de cortesãos, um deles com a *vihuela*. Do *Libro de motes* de Luis Milán, Valência, 1535. Biblioteca Nacional da Espanha.

Versos no salão

A poesia tinha uma dimensão social na vida cotidiana do Renascimento. O homem ideal, aquele com a pena e a espada, sintetizado por Baldassare Castiglione em *O cortesão*, vivia em uma sociedade refinada em que as artes, entre elas a poesia, eram índice de civilização. As grandes cortes abrigavam e bancavam pintores, arquitetos, escultores, músicos e homens de letras. O Renascimento surgiu na Itália justamente amparado e incentivado pelas grandes famílias e fortunas, como os Medici, e também pelos poderosos integrantes da Igreja. Na corte real portuguesa e nas grandes casas senhoriais, a aristocracia reunia-se nos chamados serões, em que uma série de jogos e divertimentos de salão ocorriam. Havia jogos de tabuleiro – como um que ensinava as virtudes e a fugir dos vícios –, danças, música e muitos passatempos cortesãos envolvendo "dezires", ou seja, frases, ditados, versos e vários gêneros de poema.

A poesia, ao contrário do que ocorre hoje, estava integrada ao dia a dia e se prestava a um sem-número de usos. No plano prático, podia-se desde tentar conquistar uma mulher por meio de um poema até conseguir um cargo ou uma doação, pedir ajuda a um amigo, tentar conseguir um mecenas (protetor), e mesmo requisitar peças de roupa, frutas ou animais, como podemos ver nas famosas trovas de Luís de Camões "Cinco galinhas e meia, deve o senhor de Cascais", em que o poeta cobra jocosamente uma promessa do referido nobre.

No plano das sociabilidades, poemas eram escritos para comemorar nascimentos, casamentos, falecimentos, chegadas de pessoas ilustres, festas da Igreja e viagens, entre outras ocasiões. Nos jogos de salão, damas e cavalheiros confraternizavam em torno de versos e trovas ditos e cantados, geralmente acompanhados por música. Muitos poemas eram cantados, mesmo o soneto, que funcionava como uma pequena ária. Havia disputas orais de improvisação de versos, desafios, como fazem hoje os repentistas do Nordeste. Tais práticas da poesia em dinâmicas de salão podem ser observadas no *Libro intitulado el cortesano*, escrito pelo músico e poeta Luis Milán, que tinha fortes conexões com Portugal – um de seus livros é dedicado ao rei português dom João III. Milán é autor também de um interessante livro "de motes", uma espécie de manual de jogos cortesãos envolvendo versos, pensado para ser usado como divertimento por grupos de damas e cavalheiros. A palavra dita e cantada, em verso, consistia num passatempo natural, em uma época farta em ditados, provérbios, máximas e frases feitas.

Os novos gêneros poéticos, como o soneto, quando chegam a Portugal e à Espanha já encontram o ambiente pronto, com a poesia integrada à *performance* oral, e, aos poucos, foram se assimilando às práticas cortesãs. Por meio do livro de Luis Milán, podemos vislumbrar como eram os famosos serões, onde Camões brilhou na juventude com seus sonetos, e como se davam e os divertimentos na corte. Vemos sonetos cantados, acompanhados pela *vihuela* (instrumento de cordas antepassado do violão), observamos como um soneto vai sendo aos poucos, estrofe a estrofe, lido e em seguida interpretado pelos convivas, e constatamos ainda um jogo em que os poetas presentes compõem todos uma mesma estrofe de um poema, a mesma ideia com diferentes versões.

A poesia na época de Camões era vocalizada, quase nunca lida silenciosamente como fazemos hoje. E não dependia do livro impresso. A produção poética dos contemporâneos de Camões só veio a ser publicada na década de 1590, quando já eram quase todos falecidos. Circulava, portanto, oralmente e em manuscritos. Muitas pessoas tinham um caderno, chamado *cancioneiro de mão*, em que passavam a limpo poemas de vários autores. Copiavam poemas de cor, aprendidos oralmente, e também copiavam de outros cancioneiros ou de papéis que corriam soltos. Nem todos os donos de cadernos manuscritos registravam o nome dos autores dos poemas copiados, além disso, diferentes versões do mesmo poema apareciam aqui e ali. Essas formas de circulação da poesia geraram um problema até hoje não solucionado.

Figura 5 – "Levantai-vos e dizei um requebro à dama que aqui menos vos ama." Mote do *Libro de motes* de Luis Milán, Valência, 1535. Biblioteca Nacional da Espanha.

O problema do cânone e da autoria

Camões escreveu poesia épica, lírica, teatro e cartas. A poesia épica foi a única a ser publicada enquanto ele ainda era vivo, em 1572. Quando sua poesia lírica foi impressa pela primeira vez, em 1595, havia 15 anos que ele tinha falecido. Talvez devido à vida tumultuada, com tantos deslocamentos pelo mundo, ele não deixou um manuscrito com a sua obra organizada. Segundo um de seus amigos, Camões estava copiando seus poemas em um livro intitulado *Parnaso*, mas o caderno lhe foi roubado em Moçambique, antes que ele embarcasse de volta para Portugal. Para complicar ainda mais a situação de seu primeiro editor, àquela altura já não havia papel algum com a letra de Camões, ou seja, nenhum manuscrito autógrafo para atestar a verdadeira autoria dos poemas.

Era uma situação complicada. Como editar a obra lírica do famoso autor de *Os Lusíadas* se não havia nada com a sua letra e nem mesmo um caderno com os poemas reunidos? O que havia eram os cancioneiros de mão, com poemas de vários autores, muitos sem nome de autor, e com registros de poemas em várias versões. Havia também papéis soltos e a memória daqueles que conviveram com o poeta em Lisboa e na Índia. Esse primeiro editor, cujo apelido era Soropita, lançou um chamado geral e foi recolhendo o que lhe chegava. Dessa forma, editou um volume com o pomposo nome *Rhythmas de Luís de Camões*. Não é preciso dizer que depois se constatou que alguns poemas ali impressos eram de outros poetas ou mesmo publicados antes de Camões nascer. Três anos mais tarde, em 1598, uma nova edição da poesia lírica, intitulada, mais simplesmente, *Rimas de Luís de Camões*, foi impressa com o acrescento de vários poemas. E assim foi ocorrendo sucessivamente: a cada edição, mais poemas eram incluídos a partir de critérios subjetivos e duvidosos. A situação chegou a tal ponto que, no século XIX, muitos poemas de seus contemporâneos tinham sido "engolidos" pela obra de Camões, que não parava de crescer. Esse processo de incorporação da obra dos contemporâneos pela de Camões ganhou seu primeiro grande impulso em meados do século XVII, com Manuel de Faria e Sousa – que, apesar disso, foi o maior comentador da poesia camoniana –, e só veio a ser interrompido em finais do século XIX, quando se deu início ao expurgo e à tentativa de reduzir a lírica camoniana a um cânone aceitável. Muitas teorias e métodos já foram pensados para averiguar quais poemas são e quais não são de Camões. Mas até hoje a questão não foi inteiramente resolvida.

Figura 6 – *Retrato de Camões na prisão*, em Moçambique ou Goa, século XVI. Autoria desconhecida.

Figura 7 – *Retrato de Luís de Camões*, por Fernão Gomes. Lisboa, cerca de 1570.

Figura 8 – Retrato feito a partir de relatos dos que conheceram o poeta em Goa, Índia, 1581.

Figura 9 – *Retrato*, por Andries Pauwels, publicado na *Vida de Luís de Camões*, de Manuel Severim de Faria. *Discursos vários políticos*, 1624.

Figura 10 – Retrato na edição de *Os Lusíadas* de 1817, realizada pelo Morgado de Mateus.

Uma vida para Luís de Camões

Pode-se dizer que a biografia de Camões é um gênero literário, contando já com mais de 400 anos de idade. Conhecemos apenas dez documentos oficiais sobre a vida do poeta, e oito deles versam sobre um mesmo assunto, a modesta tença (pensão) que recebia da Coroa portuguesa. A insuficiência dos papéis não impediu a reconstituição minuciosa de sua acidentada trajetória. Ao contrário. Diretamente proporcional aos poucos documentos são os muitos episódios de sua vida detalhadamente imaginados por biógrafos e estudiosos ao longo dos séculos.

Como durante muito tempo Luís de Camões esteve no centro de uma espécie de sistema solar cultural e poético, personificando o herói nacional e da língua, foi-se construindo uma narrativa biográfica, uma espécie de quebra-cabeça montado a partir de peças criadas em diferentes momentos da apreciação da obra camoniana. Ao olharmos de perto cada uma dessas peças, podemos surpreender diferentes projeções políticas, pedagógicas e de outras naturezas: cada época construindo o Camões então querido ou necessário, projetando na vida camoniana diferentes ideais de homem, de obra e de nação. Os escritores e estudiosos do século XIX foram os que mais narrativas interessantes criaram sobre Camões, transformando-o num personagem romântico e antiabsolutista, que teria deixado escrita a sua vida real nos versos da sua poesia lírica e também da épica (conceito que já vinha desde um de seus mais antigos biógrafos, Manuel Severim de Faria). Aos bons entendedores, bastaria ler tudo com olhar atento para identificar a confissão amorosa, as queixas existenciais, as aventuras no mar e outros lances de sua vida. E assim procederam muitos estudiosos e editores. O caminho encontrado para contornar a escassez de documentos foi este: reconstruir a vida a partir da obra.

O que resultou do trabalho coletivo de construção da biografia camoniana, com a colaboração de editores do século XVII, escritores do XIX e pesquisadores do XX, e vice-versa, pode ser resumido da seguinte forma – juntando os documentos oficiais aos episódios biográficos imaginados.

Camões nasceu em 1524 ou 1525, em Lisboa ou em outras cidades (Coimbra, Santarém). Seu pai, Simão Vaz de Camões, da baixa nobreza galega, teria morrido em um naufrágio quando voltava da Índia, deixando o filho desprovido de bens. Sua mãe, Ana de Sá, seria parente distante de Vasco da Gama, e foi a herdeira da pequena tença recebida pelo filho, quando este faleceu (o que sabemos através dos documentos sobre a pensão). O poeta teria estudado em Lisboa ou na Universidade de Coimbra (não há registro algum na universidade sobre ele) e, ainda jovem, em Lisboa, destacou-se como poeta e cortesão nos serões do paço, encontros sociais e culturais da alta nobreza que envolviam música, jogos de salão e poesia. Em algum momento, teria se apaixonado por uma dama "alta", que a sua baixa nobreza não deveria almejar. Por esse motivo – um amor proibido e impossível –, teria sofrido seu primeiro desterro. No norte da África, onde os portugueses lutavam contra os "mouros" muçulmanos, Camões, como soldado que também era, sofreu um ferimento em um dos olhos que lhe custou a vista – uma dama maldosamente o chamou, posteriormente, de "cara sem olhos". Outros desterros teriam ocorrido, também por motivos amorosos, como uma temporada passada no campo, longe das "murmurações" de Lisboa.

O evento mais documentado de sua vida é a prisão na cadeia de Lisboa, o Tronco, por ter se envolvido em uma briga de rua no dia de *Corpus Christi*. Camões, o "trinca-fortes" (valente), espadachim de barba loura, de estatura média ou alta (dependendo do biógrafo), em meio a uma juventude transviada, feriu, nesse dia fatídico, um funcionário da Coroa. A brilhante carreira de poeta de sucesso nos salões aristocráticos de Lisboa é interrompida e talvez destruída pela condenação à cadeia, onde passa mais de seis meses, o tempo necessário para conseguir uma carta de perdão do rei, em março de 1553 (um dos documentos conhecidos). Livre, ele embarca para a Índia no mesmo ano. Os motivos de sua decisão de afastar-se de Portugal seriam: segundo alguns, fugir de uma perseguição motivada mais uma vez por amores proibidos no paço ou, segundo outros, simplesmente uma opção de vida seguida por jovens de sua geração, numa época em que se fazia fortuna e fama no Oriente.

Embarcado na frota de Fernando Álvares Cabral – parente do nosso "descobridor" –, navega pelas mesmas rotas que Vasco da Gama, o responsável pela abertura do caminho para as Índias e personagem principal de sua epopeia. Serão longos 17 anos passados fora de Portugal, em batalhas e viagens por portos e cidades do império português no Oriente, tempo também dedicado à escrita de *Os Lusíadas*, o poema épico que lhe deu celebridade.

Suas aventuras pelos mares orientais incluem, como não poderia deixar de ser, um naufrágio, outro ponto famoso de sua biografia. O acidente foi objeto de muitas representações iconográficas, especialmente no século XIX, e é referido no canto X de *Os Lusíadas*. No poema épico, lemos que o *canto molhado*, ou seja, o poema, foi salvo das ondas quando o navio se perdeu nos baixos da foz do rio Mekong, no atual Vietnã. O episódio, segundo um de seus mais próximos amigos, o historiador Diogo do Couto, teria ocorrido quando Camões voltava de uma temporada em Macau, na China, onde exerceu seu único cargo relevante, o de provedor dos defuntos e ausentes. "Nestas viagens à China mais se ganha no furtado que no ordenado", escreveu o próprio poeta em uma de suas cartas, muitos anos antes de ter ido para lá. Lidando com pensões, bens e direitos dos mortos e desaparecidos, cargo oferecido pelo vice-rei da Índia para tentar melhorar sua vida de soldado e poeta pobre, Camões não fez fortuna, como seria de esperar, ou, segundo alguns, gastou tudo por ser muito "liberal". Outra versão da história diz que ele perdeu no naufrágio tudo o que havia amealhado na China. De acordo com Diogo do Couto, o poeta conseguiu salvar *Os Lusíadas* a nado, mas perdeu para o mar a namorada chinesa que trazia consigo. A amada teria dado origem ao famoso soneto "Alma minha gentil que te partiste" e a outros sobre o mesmo tema, em uma época rica em poemas a amadas falecidas. O nome poético da namorada chinesa seria Dinamene, nome também de uma das Tágides (ninfas do rio Tejo) de um poema de Garcilaso de la Vega.

Sua saída do Oriente é narrada pelo amigo historiador que o encontra, em 1569, em Moçambique, preso por dívidas e sem dinheiro para voltar a Portugal. Os amigos fazem uma vaquinha, tiram o poeta da cadeia e lhe compram uma passagem. Todos os biógrafos são unânimes ao pintar Camões pobre em Lisboa, onde vivia no bairro da Mouraria com a velha mãe. O primeiro biógrafo, Pero de Mariz, escreve que o poeta era servido por um escravo trazido do Oriente, o famoso jau Antônio, personagem de peças de teatro de sucesso no Romantismo. Reza a tradição que Camões teria lido seu longo poema (8.816 versos!) ao jovem rei dom Sebastião, que, sabidamente, interessava-se mais pela caça do que pelas letras. De qualquer forma, *Os Lusíadas* foram publicados em 1572, com pouco dinheiro, em uma edição não muito bem cuidada e impressa em vários tipos de papel, o que revela a ausência de apoio financeiro da Coroa. Ao que tudo indica, a família de Vasco da Gama tampouco colaborou com os custos de publicação do poema sobre o ilustre antepassado, pois Camões registra em *Os Lusíadas* a pouca estima da família do navegador pela poesia.

Na construção de um Camões nacional, totalmente identificado com Portugal, diz-se que "morreu com a pátria" em 1580, quando Portugal cai sob o domínio da Espanha (a chamada União Ibérica). Uma anotação marginal em um dos exemplares da primeira edição de *Os Lusíadas*, assinada por frei José Índio, registra que, ao morrer, o poeta não tinha nem um lençol para se cobrir. A pátria tinha sido ingrata. Camões viveu seu ápice biográfico durante o Romantismo, quando vestiu perfeitamente o figurino do gênio incompreendido.

Um dos temas preferidos dos biógrafos é a identidade das mulheres de sua vida. Para identificá-las, o processo empregado consiste em relacionar os nomes femininos citados na poesia lírica com damas reais. Além de Dinamene, a chinesa morta no naufrágio, temos Natércia (anagrama de Catarina), que seria dona Catarina de Ataíde, uma dama da corte da rainha, com quem o poeta viveu, segundo alguns, amores impedidos pela diferença de posição social. Camões teria sido "desterrado por uns amores no paço da rainha", como já supõe o seu primeiro biógrafo. A história foi um *hit* no século XIX, e mesmo Machado de Assis escreveu uma peça sobre Camões e dona Catarina, "Tu, só tu, puro amor", encenada no Rio de Janeiro em 1880 com grande sucesso. Há ainda outras teorias sobre as amadas de Camões. Uma delas sustenta que o poeta teria vivido um amor impossível com a infanta dona Maria, a culta e riquíssima filha de dom Manuel I, o rei dos Descobrimentos. Há ainda outras especulações sobre as identidades de Belisa (anagrama de Isabel, que seria uma prima de Coimbra por quem se apaixonou na juventude), Violante e outros nomes citados na lírica.

Como ensina Luciana Stegagno Picchio em um fundamental artigo sobre as biografias de Camões, "o que conta não é a realidade, mas sua interpretação e transfiguração lendária". Camões é um pouco tudo isso que foi deduzido por gerações de investigadores que leram sua obra com lupas de Sherlock Holmes. O Camões que chegou até nós, mediado por tantos leitores, estudiosos e tantas épocas, é o resultado dessa construção. O que não quer dizer que não possamos discernir o joio do trigo e entender a biografia camoniana como uma romanesca narrativa criada pela imaginação dos biógrafos.

Alguns dados concretos, contudo, subsistem. Por meio da reveladora carta de perdão do rei, de 1553, sabemos de muita coisa sobre a vida do jovem Camões em Lisboa. Nela, o poeta é chamado de "mancebo pobre" e, ao mesmo tempo, de "cavaleiro, fidalgo de minha casa", vinculando-o à baixa nobreza, aquela sem bens de raiz. Pelos documentos que registram a lista dos que embarcavam para a Índia, sabemos que tinha 25 anos em 1550, era "escudeiro", "barbiruivo", e vivia no bairro da Mouraria com os pais. Pelos documentos relativos à pensão, sabemos que faleceu em 10 de junho de 1580 ou 1579 (dependendo da interpretação de uma frase dúbia) e que tinha sido nomeado para a feitoria (espécie de entreposto comercial) em Chaul, na Índia, cargo que não chegou a ocupar, talvez por estar enfermo ou por ter falecido antes.

Além das informações fornecidas por esses documentos, temos alguns livros que registram a atuação do poeta nos meios letrados.

Em 1563, Camões pela primeira vez publica um poema em um livro impresso – a esta altura e até a publicação de *Os Lusíadas*, em 1572, sua poesia circulava apenas oralmente e em manuscritos. Foi no livro de um médico português estabelecido na Índia, sobre as drogas medicinais do Oriente, impresso em Goa. Camões participou na seção inicial do livro, onde se encontravam os textos e poemas introdutórios. O poeta aí comparece ao lado de outras figuras da elite cultural da cidade indo-portuguesa, revelando o quanto estava integrado àquele ambiente. Na Índia, portanto, era figura conhecida e estimada. Já em Lisboa, em 1576, ele publica dois poemas na seção inicial da primeira História do Brasil, escrita por Pero Magalhães Gandavo, que tudo indica ter sido um amigo.

Apesar de os poetas contemporâneos de Camões trocarem muitas cartas poéticas entre si, em Portugal, discutindo temas literários e políticos, o autor de *Os Lusíadas* parece não ter partilhado dessas discussões. Não se conhecem epístolas escritas por ele ou a ele endereçadas, o que inspirou a teoria dos inimigos de Camões, que sustenta que os principais poetas da corte de Lisboa não o teriam recebido bem quando voltou da Índia após 17 anos fora.

Entretanto, encontramos uma referência a ele na obra de um poeta que morava fora de Lisboa, André Falcão de Resende, que estimula o amigo a publicar o poema trazido da Índia. "Solta este sonho e esperta o adormecido/ tempo com tua voz bem entoada", recomenda, na *Sátira a Luís de Camões*. O sonho, como sabemos, foi solto em 1572, quando *Os Lusíadas* são impressos em Lisboa e seu autor agraciado com a tença de 15 mil réis.

É de notar que, em um período de forte censura eclesiástica aos livros impressos, o poema épico tenha sido publicado com uma série de coisas nunca vistas em língua portuguesa em letra de forma. Além do episódio da Ilha dos Amores, uma exaltação – mesmo que alegórica – dos prazeres amorosos e físicos, outras passagens feriam frontalmente o decoro dos censores da Santa Inquisição. Entretanto, Luís de Camões encontrou no frade dominicano Bartolomeu Ferreira, o responsável pela censura da Santa Inquisição, um defensor. Talvez não seja coincidência o poeta ter encontrado suporte, na sua volta da Índia, no convento de São Domingos em Lisboa. E há a possibilidade de ter sido aluno dos dominicanos – Diogo do Couto, que estudou com os frades de São Domingos, diz que foi companheiro de estudos de Camões.

Sobre o naufrágio, citado em *Os Lusíadas*, podemos estar diante de um flagrante caso de imitação, processo perfeitamente legítimo naqueles tempos, pois o lance biográfico já tinha sido registrado por Júlio Cesar em seus então muito lidos *Comentários*, em que o líder romano conta ter salvo a nado seu livro, no qual, aliás, a imagem de uma espada na mão e na outra a pena também está presente. As biografias, e mesmo as autobiografias poéticas, eram regradas por convenções e tinham seu repertório de eventos e imagens, ou seja, tópicas do gênero "vida", que todos usavam e recriavam livremente.

Sobre as muitas amadas, de concreto, temos apenas uma troca de correspondência galante entre ele e dona Francisca de Aragão, uma dama do paço da rainha, que lhe envia um mote para ser glosado (versos para serem desenvolvidos em um poema), o que comprova somente que o poeta era admirado pelas damas da aristocracia, com quem convivia nos serões poéticos. Dona Francisca foi cantada por pelo menos mais dois poetas contemporâneos de Camões, e a um deles ela respondeu com uma carta em versos, compostos por ela própria, o que faz dela uma das pouquíssimas poetas e escritoras ibéricas de sua época. Das outras possíveis amadas, tudo é especulação proveniente da leitura da poesia.

Ler biograficamente a obra de Camões é, na verdade, um caminho irresistível para quem se aproxima de seus poemas, pois o próprio poeta foi criando uma biografia idealizada em seus versos, uma projeção literária de sua vida. Sabemos que essa projeção, essa construção literária, pauta-se em modelos anteriores, como o de Júlio César, para citar uma referência da Antiguidade, e como o de Garcilaso de la Vega, um modelo de seu próprio século, o XVI.

Como ler a poesia de Camões? Biograficamente ou não? Se, por um lado, observamos como ele escreve uma vida literária, ideal, romantizada, ficcionalizada segundo os parâmetros de vidas ilustres, por outro, subsiste o plano das vivências, das errâncias, do "saber de experiências feito" como disse em *Os Lusíadas* e em trechos da lírica. Sem contar que alguns gêneros, como a écloga e a canção, são tradicionalmente biográficos. Na falta de abundantes informações concretas, como os espanhóis têm, por exemplo, sobre a vida de Garcilaso e seus poemas, temos que, ao ler Camões, nos equilibrar entre esses dois lados ou, com todo o direito, optar por um deles e imaginar que os "casos tão diversos" do soneto I foram realmente vividos pelo homem Luís de Camões.

NOTA SOBRE ESTA EDIÇÃO

Os poemas foram editados seguindo o mais fielmente possível as primeiras edições em que aparecem publicados, exceto o soneto XX, para o qual preferimos a versão do manuscrito de Luís Franco. A ortografia foi atualizada, com exceção de palavras importantes para a sonoridade dos versos, como *cousa, assi, algũa, pera, fermosura*, entre outras. Foram mantidas, quase sempre, as sinalefas do original, tais como *minh'alma, m'esconde, set'anos*, que indicavam o modo como o poema deveria ser lido em voz alta. A pontuação também foi mantida o mais próximo possível do original, apenas alterada em alguns casos para facilitar a compreensão do poema. A pontuação poética do século XVI não era sintática, mas musical, indicando as pausas que se queria na enunciação do poema, em uma época de poesia vocalizada e ouvida em *performances*.

Os sonetos são aqui editados na ordem em que foram publicados em suas edições originais, organizados em ordem cronológica, começando pelo soneto 1 da primeira edição da lírica, de 1595, e terminando com o soneto 339 da edição de 1861.

Logo depois do poema, constam a indicação da edição e a respectiva numeração. Desse modo, **1595, 4** designa o soneto número 4 da edição de 1595, **1616, 9** indica o soneto 9 da edição de 1616, **1668 II, 6** indica o soneto 6 da segunda parte da edição de 1668, e assim por diante.

RITHMAS
De Luis de Camões, repartidas em cinco partes.

Parte primeira dos Sonetos.

EM quanto quis fortuna que tiuesse
  Esperança de algum contentamento,
  O gosto de hum suaue pensamento
  Me fez que seus effeitos escreuesse.
Porem temendo amor que auiso desse
  Minha escriptura a algum juyzo isento,
  Escureceom' o engenho co tormento,
  Pera que seus enganos não dissesse.
O vos que amor obriga a ser sogeitos
  A diuersas vontades, quando lerdes
  Num breue liuro casos tão diuersos,
Verdades puras são, & não defeitos:
  E sabey que segund' o amor tiuerdes,
  Tereis o entendimento de meus versos.

Figura 11 – Página da primeira edição da poesia lírica. *Rhythmas de Luís de Camões*, 1595.

SONETOS E COMENTÁRIOS

SONETO I

Enquanto quis Fortuna que tivesse
Esperança de algum contentamento,
O gosto de um suave pensamento
Me fez que seus efeitos escrevesse.

5 Porém temendo Amor que aviso desse
Minha escritura a algum juízo isento,
Escureceu-me o engenho co tormento,
Pera que seus enganos não dissesse.

Ó vós que Amor obriga a ser sujeitos
10 A diversas vontades, quando lerdes
Num breve livro casos tão diversos,

Verdades puras são, e não defeitos,
E sabei que segund'o amor tiverdes,
Tereis o entendimento de meus versos.

(1595, 1)

---

1 *Fortuna*: destino, divindade da mitologia clássica que presidia a sorte dos homens.
2 *contentamento*: satisfação.
3 *suave pensamento*: sentimento amoroso, a amada.
4 *efeitos*: sentimentos provocados pelo amor.
6 *juízo isento*: os inocentes do amor, que nunca se apaixonaram.
7 *engenho*: talento poético, inspiração.
7 O verso deve ser lido com uma sinalefa para que resulte em 10 sílabas métricas: es-cu-re-ceu-meoen-ge-nho-co-tor-men-to.
8 *pera*: para.
12 *defeitos*: inverdades, fantasias.

COMENTÁRIO AO SONETO I

Verdades puras e a vida do poeta fingidor

É o soneto 1 das primeiras edições da lírica camoniana. Tem a função de poema-prólogo. Alerta e adverte sobre o conteúdo do livro que ali se inicia. De certa forma, apresenta uma interpretação, uma chave de leitura da obra, guiando o seu leitor. Os livros de poesia lírica costumavam começar com um poema desse gênero; por isso o primeiro editor dos poemas líricos de Camões escolheu *Enquanto quis Fortuna que tivesse* para abrir o livro. Poderia ter selecionado o soneto 2 daquela edição, *Eu cantarei de amor tão docemente*, também de caráter introdutório, mas teve suas razões para fazer a escolha.

A proposta do soneto-prólogo consistia em expor uma proposição da obra lírica, ou seja, condensá-la e resumi-la em um poema. A convenção seguiu em uso até períodos posteriores. No século XVIII, os poemas de Bocage também foram organizados principiando com um soneto prefacial, o famoso *Incultas produções da mocidade*.

Todos se espelharam no grande modelo dos sonetos-prólogo, Petrarca. O *Canzoniere*,* livro que reunia a produção

---

* Francesco Petrarca. *Cancioneiro*. Trad. José Clemente Pozenato. São Paulo/Campinas, Ateliê Editorial/Editora da Unicamp, 2014.

lírica do italiano em língua vulgar, organizava-se em uma estrutura narrativa, sendo os poemas dispostos de tal forma que contavam a história dos amores do poeta por sua amada Laura. Essa estrutura refletia a ideia de que a obra é uma imitação da vida. Nessa concepção, obra poética corresponde ao vivido, e o livro de poemas é como uma biografia amorosa. E o soneto inicial, como explicou o poeta espanhol Fernando de Herrera, seria um prefácio "à obra poética e aos amores".

Tal concepção deu margem a que se interpretassem os poemas de Camões numa chave biográfica, partindo do pressuposto de que a poesia era puro e verdadeiro relato de experiências vividas. Por mais que haja aqui e ali lances biográficos nas obras dos poetas, a poesia exprime uma vida literária, uma vida projetada, segundo parâmetros de antemão estabelecidos (quase todos perderam uma amada, que cantam dolorosamente, filosofam sobre as rápidas mudanças da vida, lembram de um passado de felicidade vivendo um presente de tristezas, referem viagens, afastamentos e desterros etc.).

Se a vida representada por Camões nas suas *Rimas* guarda muitos pontos em comum com outras vidas de poetas que lhe antecederam, com os quais dialoga poeticamente, sua recriação dos temas e imagens é sempre notável.

Esses conceitos são importantes para principiar a leitura do poema-prólogo das *Rimas*, que estabelece relações entre vida e obra, as quais precisamos ler com cuidado. Vejamos.

> Enquanto quis Fortuna que tivesse
> Esperança de algum contentamento,
> O gosto de um suave pensamento
> Me fez que seus efeitos escrevesse.

> Porém temendo Amor que aviso desse
> Minha escritura a algum juízo isento,
> Escureceu-me o engenho co tormento,
> Para que seus enganos não dissesse.

O poema diz que, no passado, enquanto a Fortuna – ou seja, o destino – ainda inspirava no sujeito poético alguma esperança de ser feliz em seus amores, ele escreveu sobre os seus sentimentos e os acontecimentos amorosos, inspirado pela mulher amada (o *suave pensamento*). Porém, o deus do amor, acreditando que tais escritos alertariam aqueles (os de *juízo isento*) que ainda não conheciam as alegrias e os sofrimentos amorosos (seus *enganos*), tirou-lhe a inspiração (*escureceu-me o engenho*), castigando-o com os maiores tormentos.

> Ó vós que Amor obriga a ser sujeitos
> A diversas vontades, quando lerdes
> Num breve livro casos tão diversos,
>
> Verdades puras são, e não defeitos,
> E sabei que segundo o amor tiverdes,
> Tereis o entendimento de meus versos.

No primeiro terceto, momento de virada em muitos sonetos, o leitor do livro é invocado e interpelado: *Ó vós que Amor obriga [...]*. Projeta-se um leitor ideal, que está ele mesmo submetido às diversas vontades do amor, é um apaixonado como o autor. A expressão *verdades puras* expõe um tópico fundamental do conceito de poesia como imitação da vida. Os *casos tão diversos* contados no livro de poemas são, diz ele, verdades experimentadas, realmente vividas. Os dois últimos versos do soneto encetam uma conclusão engenhosa:

só os apaixonados (*segundo o amor tiverdes*) saberão realmente entender os poemas que ali principiam. Uma ideia que também encontramos no poeta catalão Ausias March, uma voz de grande influência entre os poetas ibéricos, que dizia: "Quem não é triste, de meus discursos não se ocupe".[1]

É desta forma que uma convenção literária, o soneto-prólogo, termina por moldar uma chave de leitura fornecida ao leitor de todas as épocas: o livro é um cancioneiro amoroso, que relata as verdadeiras experiências de seu autor, e apenas os apaixonados, como ele, o saberão ler. Todavia, como os contemporâneos de Camões diziam, poesia é fingimento – ou, como disse Fernando Pessoa, "o poeta é um fingidor" –, sendo a obra uma representação poética e não a *verdade pura*. Mesmo Petrarca, modelo de grande parte da poesia europeia do período, não escreveu seu cancioneiro como um diário doméstico e íntimo de seus sentimentos por Laura, mas como uma obra literária. A vida encenada no cancioneiro petrarquiano é, como observa Guido M. Cappelli, "uma espécie de autobiografia ideal", escrita em poemas pensados e burilados ao longo de anos.

No soneto *Enquanto quis Fortuna que tivesse*, há vários "lugares" – versos e ideias – vindos de outros autores, que Camões modela a seu gosto tornando-os seus próprios, de acordo com a prática poética em uso. O verso *temendo Amor que aviso desse* ecoa o soneto 33 de Garcilaso no trecho em que diz "tendo [Amor] medo que, se escrevo ou falo/ sobre seus enganos, diminuo sua grandeza".[2] A invocação *Ó vós*

---

[1] "Qui no és trist, de mos dictats no cur."
[2] "Teniendo miedo que si escribo o digo/ Su condición abajo su grandeza."

que amor obriga, por sua vez, remete ao soneto-prólogo do cancioneiro petrarquiano, "ó vós que ouvis em rima esparsa o som/ daqueles suspiros onde eu nutria o coração/ em meus primeiros enganos juvenis"[3] e também ao soneto 1 de Juan Boscán, "ó vós que andais atrás de meus escritos,/ gostando de ler tormentos tristes,/ que segundo o amor são infinitos!".[4]

---

[3] "Voi ch'ascoltate in rime sparse il suono/ di quei sospiri ond'io nudriva 'l core/ in sul mio primo giovenile errore."

[4] "¡O vosotros que andáis tras mis escritos/ gustando de leer tormentos tristes,/ según que por amar son infinitos!"

SONETO II

Transforma-se o amador na cousa amada,
Por virtude do muito imaginar,
Não tenho logo mais que desejar,
Pois em mim tenho a parte desejada.

5 Se nela está minh'alma transformada,
Que mais deseja o corpo de alcançar?
Em si somente pode descansar,
Pois consigo tal alma está liada.

Mas esta linda e pura semideia,
10 Que como um acidente em seu sujeito,
Assi coa alma minha se conforma.

Está no pensamento como ideia
O vivo e puro amor de que sou feito,
Como a matéria simples busca a forma.

(1595, 4)

---

8 *liada*: ligada.
9 *semideia*: semideusa.
10 *acidente em seu sujeito*: conceitos aristotélicos; cf. comentário.
11 *assi*: assim.
11 *coa*: com a.
11 *conforma*: configura, toma forma.

COMENTÁRIO AO SONETO II

A enganosa fusão dos amantes

Manuel de Faria e Sousa, o maior e mais apaixonado comentador de Camões, explica que esse soneto foi escrito numa ocasião em que o desejo físico pela amada assaltou o poeta. Visto que o ideal poético prescrevia o amor puro, oposto à "lascívia torpe", e a fim de combater esse urgente desejo, o próprio poeta se convence, na argumentação realizada no poema, de que seu amor pela mulher amada é, na verdade, um amor celestial, elevado.

Faria e Sousa lê o poema biograficamente, imaginando Camões, pessoa física, lidando na vida real com os dois polos que alimentam sua poesia amorosa: o corpo *versus* a alma, o amor físico *versus* o elevado, espiritualizado. Tais dicotomias provinham não da experiência vivida de Camões – ou da de outros poetas que também debatiam tais temas –, mas das correntes filosóficas e poéticas de seu tempo. O neoplatonismo era uma delas, e uma das que mais influência exerceu sobre a poesia europeia no período, efetuando uma releitura de Platão à luz da religião católica. Essa forma espiritualizada de amar, em que a amada encarnava um ideal quase divino e ao homem restava a tarefa de amá-la com o intelecto e a alma, para assim atingir Deus, tinha sido disseminada sobretudo por um livro lido pela grande maioria dos contemporâneos do poeta, *Diálogos de amor*, de Leão Hebreu, publicado em 1535. Em linhas gerais, é o que conhecemos comumente como "amor platônico", mas numa versão filosófica e cristã, em que o amor humano, terreno, passa a ser caminho para o celestial encontro com Deus.

Transforma-se o amador na coisa amada, famosíssimo por causa dos dois primeiros versos de fácil leitura e compreensão, é, a despeito da inicial clareza, um soneto que trabalha de modo complexo conceitos filosóficos correntes na época, nos escassos 14 versos a que está confinado o soneto. É como se Camões tivesse resolvido fazer um soneto cifrando sentimentos amorosos em conceitos filosóficos. Leitores seus contemporâneos, como nota Maria Vitalina Leal de Matos, se deleitavam com "a alusão obscura e culta".

Temos nesse poema o que se chamava de "casca". Uma cobertura a ser descascada a fim de revelar o sentido escondido do poema, que pedia para ser decifrado. Os entendidos em poética e filosofia tinham, entende-se, um privilégio hermenêutico, eram os destinatários ideais desse elaborado artifício poético. O soneto figura como um pequeno enigma a ser desvendado pelos leitores cultos. Por esse motivo, críticos que descascaram atentamente o poema saíram com leituras distintas. *Transforma-se o amador na coisa amada* apresentava talvez tantos desafios ao leitor daquela época quanto aos de hoje.

Mas vamos a ele. Em primeiro lugar, a transformação referida no primeiro verso se dá na mente, no plano das ideias. O apaixonado transforma-se na amada de tanto imaginá-la e invocá-la em sua mente. É um conceito engenhoso: de tanto pensar nela, o próprio dá-se conta de que o que ama é, na verdade, algo que se encontra nele próprio. A lógica é irrepreensível: se o desejado está dentro de mim, já possuo o que almejo. O corpo, portanto, não precisa mais buscar o que já está nele mesmo, e pode, desse modo, se apaziguar. Temos aqui os conceitos do neoplatonismo, o amor elevado a uma esfera imaterial, espiritual. Nota-se a proximidade com os então famosos *Diálogos de amor*: o amor idealizado, a conversão de um amante no outro, a fusão amorosa espiritual.

Os tercetos apresentam diferentes possibilidades de interpretação, de pontuação e mesmo de leitura de determinados termos – como *semideia*, que já foi lido como "imagem da mulher amada" e como "semideusa" (como adotamos aqui). Há, entretanto, consenso de que nos tercetos estão em jogo conceitos de Aristóteles, tais como *acidente, sujeito, matéria* e *forma*. Teríamos, assim, segundo uma leitura convencional desse soneto, os quartetos expressando ideias de Platão e os tercetos compactuados com a filosofia de Aristóteles, especialmente a *Metafísica*, obra em que tais conceitos são elaborados.

O amor era então uma questão importante da filosofia e vinha sendo tratado por autores como Marcilio Ficino, o já citado Leão Hebreu e outros, que interpretavam e transformavam a filosofia platônica (especialmente aquela contida no *Banquete*) em uma filosofia renovada, atualizada, renascentista e, como dissemos, católica. Convergiam para a escrita desse soneto não apenas leituras filosóficas, mas também a de poetas igualmente imbuídos em tal debate, como Ausias March e seu puro amor contemplativo opondo-se à sensualidade corpórea.

Por sua vez, os conceitos aristotélicos de *acidente, sujeito, matéria* e *forma* circulavam de forma mais alargada, por exemplo, em autores católicos, como na obra de São Tomás de Aquino. Nela, esse autor da escolástica – a filosofia da Igreja – criou seu sistema de pensamento e compreensão do mundo com base em uma nova interpretação de Aristóteles.[1] Dessa forma, o soneto parece ser uma discussão engenhosa sobre o conceito do amor à luz de diversas leituras, tanto de filósofos quanto de poetas, empreendidas por Camões e pelos homens cultos do seu tempo.

> Mas esta linda e pura semideia,
> Que como um acidente em seu sujeito,
> Assi coa alma minha se conforma.

O primeiro terceto principia pela conjunção adversativa *mas*, que se opõe ao que foi exposto nos quartetos. Algo como: se eu tenho já em mim a parte desejada, mesmo assim a linda e pura semideusa, ou seja, a amada, toma forma em minha alma do mesmo modo que o acidente só existe em função do sujeito (na metafísica aristotélica, o *sujeito* existe por si mesmo e o *acidente* ocorre de modo dependente do sujeito). Ou ainda: mesmo tendo-me transformado nela, sendo nós dois agora um só, mesmo assim, ela, a *semideusa*, não me sai da cabeça. O desejo ainda clama. A tal união no plano das ideias não resolve.

---

[1] Em Tomás de Aquino, *acidente* é "aquilo que sobrevém, que se adiciona, aquilo que acontece (*accidit*) a um sujeito, já constituído em si mesmo", ou seja, algo como um atributo; *sujeito* "aparece como aquilo que exerce o ato de existir", "aquele que sustenta os acidentes"; *matéria* é a "potencialidade pura, constituindo a forma com ela um só todo", e *forma* tem o sentido de "princípio intrínseco e constitutivo, segundo o qual um ser determinado age ou opera de tal ou tal maneira", segundo nos ensina Marie-Joseph Nicolas no "Vocabulário da *Suma Teológica*".

> Está no pensamento como ideia
> O vivo e puro amor de que sou feito,
> Como a matéria simples busca a forma.

No último terceto temos novamente o binômio *ideia/forma* em lugar de rima. O par opositivo *semideia/conforma* do primeiro terceto corresponde ao par *ideia/forma* do último terceto, enfatizando o jogo engenhoso entre esses conceitos, opondo ideia e matéria. Assim, há uma relação especular entre os dois tercetos; eles dizem mais ou menos a mesma coisa. No último terceto, o vivo e puro amor, ou seja, o amor carnal e o espiritual estão, simultaneamente, no pensamento como ideia e na matéria que busca a forma para se realizar.

A exemplo de outros finais de sonetos, o jogo de opostos ocupa a boca de cena. Não há consenso se quem ganha é o material ou o espiritual. Faria e Sousa aposta no segundo, numa leitura platonizante de cima abaixo. Maria de Lourdes Saraiva, ao interpretar o poema em sua *Lírica completa*, entende que há um predomínio da matéria sobre a ideia: assim como a matéria busca a forma, também a ideia da mulher amada, gravada na mente, procura um modo de se materializar por meio da realização física do amor. Essa interpretação contrapõe o mundo das ideias dos quartetos ao mundo físico dos tercetos, resultando daí uma vontade de consumação do amor.

Podemos pensar também que o poema, ao jogar com os contrários *ideia/matéria*, amor espiritualizado/amor carnal, nem os polariza nem concilia, apenas enfatiza a tensão entre eles. *Ideia* e a *matéria* seriam, desse modo, opostos que convivem dialeticamente nos versos, causando tensão e forçando a inquirição de seu leitor, como um quebra-cabeça, um enigma poético.

SONETO III

Busque Amor novas artes, novo engenho,
Pera matar-me e novas esquivanças,
Que não pode tirar-me as esperanças,
Que mal me tirará o que eu não tenho.

5 Olhai de que esperanças me mantenho,
Vede que perigosas seguranças,
Que não temo contrastes, nem mudanças
Andando em bravo mar, perdido o lenho.

Mas conquanto não pode haver desgosto
10 Onde esperança falta, lá m'esconde
Amor um mal, que mata e não se vê;

Que dias há que n'alma me tem posto
Um não sei quê, que nasce não sei onde,
Vem não sei como, e dói não sei porquê.

(1595, 9)

---

1 *Amor*: Cupido.
1 *artes*: técnica poética.
1 *engenho*: talento poético, inspiração.
2 *pera*: para.
2 *esquivanças*: desprezos, maus-tratos.
7 *contrastes*: contrariedades, adversidades.
8 *lenho*: embarcação.
12 *dias há*: faz tempo.

COMENTÁRIO AO SONETO III

Dizer e sentir o indizível

O soneto principia com uma dupla da maior importância na poesia camoniana: *engenho* e *arte*. Na semântica dos poetas quinhentistas, engenho é o talento, e arte, a técnica poética. Em *Os Lusíadas*, o par faz parte da proposição do poema épico: o poeta irá cantar as façanhas dos portugueses "se a tanto me ajudar engenho e arte", virtudes necessárias para que consiga escrever os 10 cantos com quase nove mil decassílabos heroicos, uma tarefa a todos os títulos hercúlea. Nesse soneto, a dupla não está associada ao poeta, mas ao deus Amor; é ele que precisa usar novos engenho e arte com o fito de maltratar de novos modos o sujeito lírico que, já extremamente sofrido com as agruras do amor, não vê como poderia sentir-se ainda pior do que está. Amor não lhe pode tirar as esperanças, pois ele não mais tem esperanças. Já não teme nada, pois é como um náufrago sem barco em mar bravio, à deriva na tempestade.

Esse é o panorama pintado pelos quartetos: se Amor quer continuar a maltratá-lo, deve buscar um novo modo de fazê-lo. Em outro nível de leitura, é o próprio poeta que necessita novos engenho e arte para descrever seu estado de total desesperança. E é exatamente isso que farão os tercetos, ao exprimirem o que vai na alma dos que não tem mais esperanças e nem mesmo desgostos.

São talvez os tercetos mais famosos de Camões. Discorrem sobre algo indefinível, inqualificável, invisível, um mal que se *esconde* e *não se vê*. Para tanto, lança mão de um lugar poético, um trecho de um então muito conhecido soneto de Juan Boscán, que nosso poeta guardava na memória – era gigantesca a memória dos poetas para versos, poemas e longas citações. Mas não se trata aqui de uma simples imitação. Camões emprega algumas expressões e ideias do poeta catalão, mas inverte o sentido original. No soneto *Dulce reposo de mi entendimento*, Boscán descreve um sonho em que o sujeito lírico nada em um mar de satisfações amorosas e assim resume suas sensações de felicidade: "Doce desfrutar de um não sei que sem nome/ que Amor dentro de min'alma poer quis".[1] No soneto camoniano não é o paraíso amoroso, mas o inferno dos namorados a ser retratado, aquele lugar em que os amantes perderam toda a esperança. Para tanto, o *não sei quê* é desdobrado, amplificado em mais três fórmulas: *que nasce não sei onde, vem não sei como e dói não sei por quê*. Faria e Sousa, sempre um tom acima, dizia que 11 versos desse soneto são dignos de Camões, ou seja, são extremamente bem feitos, mas os três últimos versos "são digníssimos do próprio Apolo", o deus da poesia.

Do ponto de vista formal, o poema é de uma sonoridade notável – vejam-se as rimas internas *matar-me/tirar-me, esperanças/seguranças* e *se vê/sei quê*. Há também uma fluidez e um ritmo peculiar derivados da repetição de palavras como

---

[1] "Dulce gustar d'un no sé qué sin nombre/ que Amor dentro en mi alma poner quiso."

novas/novo/novas no primeiro quarteto, e da expressão *não sei* nos últimos versos, que, além da musicalidade, enfatiza o fato de ali estar sendo dito o indizível, algo que não se sabe dizer e não se sabe o que é.

SONETO IV

Alma minha gentil, que te partiste
Tão cedo desta vida descontente,
Repousa lá no céu eternamente,
E viva eu cá na terra sempre triste.

5   Se lá no assento etéreo, onde subiste,
Memória desta vida se consente,
Não te esqueças daquele amor ardente
Que já nos olhos meus tão puro viste.

E se vires que pode merecer-te
10   Algũa cousa a dor que me ficou
Da mágoa sem remédio de perder-te,

Roga a Deus, que teus anos encurtou,
Que tão cedo de cá me leve a ver-te,
Quão cedo de meus olhos te levou.

(1595, 13)

---

1 *Alma minha*: metonímia de mulher amada.
1 *gentil*: bela, nobre.
5 *assento etéreo*: Céu católico, paraíso.
11 *sem remédio*: sem solução.

COMENTÁRIO AO SONETO IV

A amada, o rio Letes e o Céu católico

Um dos mais conhecidos sonetos de Camões. Tal celebridade se deve às suas reconhecidas beleza e fluidez e, também, ao fato de ser um poema narrativo de fácil leitura. Outro motivo para sua celebridade tem a ver com as supostas relações que guarda com a vida do poeta. Diversas foram as hipóteses biográficas sobre a identidade da *alma gentil* (bela alma) que faleceu, deixando o poeta, ou o sujeito poético, triste e inconformado. Faria e Sousa acreditava que a amada em questão seria a dama do paço dona Catarina de Ataíde, morta precocemente, a Natércia das rimas camonianas. Já se aventou que a *alma gentil* não seria uma amada, mas um grande amigo, o jovem dom Antônio de Noronha, filho dos condes de Linhares, que morreu aos 17 anos no norte da África, em Ceuta, e a quem Camões, nomeadamente, escreve lamentosos poemas.

Mas a fonte mais fidedigna é o soldado e historiador Diogo do Couto, amigo do poeta, que esteve com ele na Índia e em Moçambique. Segundo relata em seus livros de história da Índia, Camões teria escrito o soneto após naufrágio sofrido "nas costas de Sião", atual Vietnã, quando voltava de uma temporada na China. Nesse naufrágio, "onde se salvaram todos despidos", o poeta teria escapado ileso com os seus

Lusíadas, mas teria perdido "uma moça china que trazia muito fermosa". A namorada chinesa, "a quem ele chama em suas obras Dinamene", seria a destinatária dessa antológica peça.

Independentemente do motivo biográfico que o teria feito escrever o soneto, o fato é que era uma prática comum entre os poetas do século XVI compor poemas sobre namoradas prematuramente falecidas, ou, como escreveu Garcilaso, "antes do tempo e quase em flor cortada".[1] O grande modelo, mais uma vez, era Petrarca e sua amada Laura, e mais especificamente o soneto "Questa anima gentil che si diparte".[2] Mas Camões apoia-se apenas nos versos iniciais petrarquianos e elabora uma composição poética inteiramente diversa, criando, por assim dizer, um novo paradigma para o tipo "sonetos à morte da amada". Contemporâneos portugueses do poeta escreveram poemas muito parecidos ao *Alma minha gentil* camoniano, em um jogo poético de imitação entre pares. Diogo Bernardes, cujos sonetos são muito confundidos com os de Camões, compôs "Alma que nesta vida despediste" em termos muito semelhantes aos do confrade, sobre uma amada que morre para o mundo ao tornar-se freira. *Alma minha gentil* foi tão famoso em sua época que a própria morte de Camões foi lamentada em um soneto que o imitava, composto por Diogo Taborda Leitão: "Espírito, que ao empíreo céu voaste,/ das Musas cá na terra tão chorado [...]".

Alma gentil era uma expressão poética muito usada em italiano, língua em que Camões lia seus poetas preferidos, Petrarca, Bembo e Sannazaro. A cena representada no poema camoniano, entretanto, é original no contexto poético em que

---

[1] "Antes de tiempo y casi en flor cortada", écloga terceira.
[2] "Esta alma gentil que se parte."

se move. Dramatiza um amante que invoca a mulher amada precocemente morta, pedindo-lhe que não o esqueça, mesmo estando no Céu, onde a memória das coisas terrenas não subsiste. Observamos aqui uma flagrante mistura de elementos católicos e greco-latinos: o Céu para onde a amada foi é o cristão, e o mito da perda da memória terrena por aqueles que passam para o Hades, o inferno da mitologia clássica, pertence à Antiguidade greco-latina. Os mitos greco-latinos eram amplamente empregados por poetas renascentistas, que os atualizavam, incorporando-os à sua contemporaneidade, como vemos aqui em Camões.

Esse soneto é uma espécie de glosa ao lema "o amor vence a morte", mas com acentos neoplatônicos, pois feito de desejos espirituais. O amor, qualificado como *ardente*, por ser intenso, é ao mesmo tempo *puro*. A dramaticidade do poema, entretanto, vem da separação física irremediável dos amantes, expressa nos reiterados *lá* e *cá* dos quartetos. Separação só possível de ser superada, como clama o sujeito poético, com a morte dele próprio, e em breve espaço de tempo, *tão cedo* quanto foi prematuro o desaparecimento da amada. Encontramos aqui ecos da écloga primeira de Garcilaso, do trecho em que o poeta interpela a falecida amada: "porque [...] não pedes/ que se apresse o tempo e que este véu/ rompa o corpo, e ver-me livre eu possa [...]/ e contigo de mãos dadas/ busquemos outro campo".[3]

---

[3] "¿por qué de mí te olvidas y no pides/ que se apresure el tiempo en que este velo/ rompa del cuerpo, y verme libre pueda/ y en la tercera rueda/ contigo mano a mano/ busquemos otro llano, busquemos otros montes y otros ríos,/ otros valles floridos y sombríos,/ donde descanse y siempre pueda verte/ante los ojos míos/ sin miedo y sobresalto de perderte?"

É anacrônico dizer que *Alma minha gentil, que te partiste* é um poema romântico, pois o Romantismo só viria a emergir séculos mais tarde, mas podemos imaginar como os poetas românticos o leram como se fosse seu contemporâneo.

As rimas dos quartetos, *iste/ente/ente/iste*, de sonoridade aguda, e as rimas cruzadas nos tercetos (cdc, dcd), alternando tons agudos e graves, com a preponderância dos graves *ou/ou* no terceto final, empresta uma musicalidade notável, favorecendo a vocalização e a emoção. É um soneto que devemos imaginar lido em voz alta, perante uma audiência, em uma *performance*. Amália Rodrigues, a grande fadista portuguesa, gravou uma intensa versão musical.

SONETO V

De vós me aparto, ó vida, em tal mudança,
Sinto vivo da morte o sentimento,
Não sei pera que é ter contentamento,
Se mais há de perder quem mais alcança.

5   Mas dou-vos esta firme segurança,
Que posto que me mate meu tormento,
Pelas águas do eterno esquecimento
Segura passará minha lembrança.

Antes sem vós meus olhos se entristeçam,
10   Que com qualquer cous'outra se contentem,
Antes os esqueçais, que vos esqueçam.

Antes nesta lembrança se atormentem,
Que com esquecimento desmereçam
A glória que em sofrer tal pena sentem.

(1595, 16)

---

1 *aparto*: afasto.
1 *mudança*: situação, transformação.
3 *pera*: para.
5 *segurança*: certeza.
7 *águas do eterno esquecimento*: perífrase de Letes, o rio do esquecimento da mitologia clássica.
14 *pena*: castigo, sofrimento.

COMENTÁRIO AO SONETO V

Soneto de despedida

Não se trata de masoquismo ou qualquer coisa do gênero. A *glória em sofrer*, ou seja, o prazer de sofrer estava na moda naqueles tempos. Como nos ensina o professor Américo da Costa Ramalho em um esclarecedor ensaio, estava na moda ser triste. Mesmo os pássaros de gaiola eram escolhidos por seu canto – quanto mais melancólico, melhor. De outro ponto de vista, podemos acrescentar que o sofrimento amoroso provocado pelo desprezo, pela separação, pela distância ou pela impossibilidade de ter a amada era a principal matéria poética daqueles que escreviam sonetos. Foram poucos os que cantaram a felicidade do amor conjugal, por exemplo, como o catalão Juan Boscán ou André Falcão, um amigo próximo de Camões. A "glória em sofrer" não tinha sido inventada por Dante, Petrarca ou pelos poetas provençais. Na Grécia antiga, Teócrito, o pai de todos os poetas bucólicos, já lamentava, em versos deslumbrantes, amores não realizados.

No poema camoniano, podemos ver como pano de fundo as frequentes e longas viagens realizadas no século XVI, ao norte da África, à Índia, a países da Europa ou ainda ao campo, quando os homens partiam deixando para trás as mulheres. *De vós me aparto, vida, em tal mudança* seria, nesse contexto, um soneto de despedida, que canta a dor da separação.

O soneto tem início com uma invocação à *vida*, metonímia para referir a mulher amada, destinatária do canto. Diz a ela que se sente morrer de amor, pois sabe que o tamanho de sua decepção será proporcional às alegrias que vier a ter. Em outras palavras, trata-se de um amor que não tem futuro. A morte por amor, tópico poético que vinha desde a Idade Média, expressava um sentimento extremo de dor amorosa. De forma similar ao soneto *Alma minha gentil*, o sujeito poético garante à amada que, mesmo que seja aniquilado pelo sentimento amoroso, ao atravessar o rio da morte, o Letes da mitologia clássica, que era também o rio do esquecimento, mesmo assim a memória de seu amor por ela não se apagaria. Mesmo após a morte metafórica por amor, ele nunca a esqueceria.

Os tercetos, como era habitual, marcam uma guinada no poema. Neles, *esqueçais*, *esqueçam* e *esquecimento* reiteram a ideia da mágica de atravessar o Letes sem perder a memória, perfazendo os votos de amor eterno. Amor imaterial, espiritual, idealizado, incorpóreo, no melhor estilo quinhentista neoplatônico, que viria a fazer enorme sucesso também, séculos depois, entre os românticos. Os protagonistas, nos últimos seis versos, são os olhos do poeta, que não desejam ver nada mais, nenhum outro amor, senão as lembranças, as memórias da amada. Digamos que são olhos que olham para dentro, olhos da alma. O rio Letes e suas águas simbolizam as lágrimas choradas na *glória de sofrer*.

Nesse poema, como em outros da lírica camoniana, podemos observar o gosto pelas antíteses, pela contraposição de conceitos opostos que provocam tensão, jogando poeticamente com os dois polos: *vida/morte*, *tristeza/contentamento*, *esquecimento/lembrança*.

SONETO VI

Sete anos de pastor Jacó servia
Labão, pai de Raquel, serrana bela,
Mas não servia ao pai, servia a ela,
E a ela só por prêmio pretendia.

5 Os dias, na esperança de um só dia,
Passava, contentando-se com vê-la,
Porém o pai, usando de cautela,
Em lugar de Raquel lhe dava Lia.

Vendo o triste pastor que com enganos
10 Lhe fora assi negada a sua pastora,
Como se a não tivera merecida,

Começa de servir outros set'anos,
dizendo: Mais servira, se não fora
Pera tão longo amor tão curta a vida.

(1595, 23)

---

1 *Jacó*: na *Bíblia*, o filho de Isaac, irmão de Esaú.
1-2 *Sete anos de pastor Jacó servia/ Labão*: Jacó servia como pastor a Labão.
2 *serrana*: moça da serra, pastora.
2 *Labão*: personagem bíblico, pai de Raquel e Lia.
4 *prêmio*: pagamento.
7 *cautela*: astúcia, manha.
10 *assi*: assim.
14 *pera*: para.

COMENTÁRIO AO SONETO VI

Serviço e servidão amorosa

Tão célebre quanto *Alma minha gentil*, esse soneto se destaca principalmente por sua cristalina narração de uma história, o que sempre garantiu uma leitura inequívoca e descomplicada. Foi muito imitado em Portugal e na Espanha nos séculos seguintes, além de amplamente decorado por alunos brasileiros, nas escolas, durante décadas. O verso final do poema, *Para tão longo amor, tão curta a vida*, será talvez um dos mais conhecidos de Camões. O soneto, entretanto, não é considerado um dos melhores do ponto de vista poético. Como mais de um crítico já observou, não apresenta os jogos conceituais caros à lírica camoniana, as abstrações complexas ou as viradas inesperadas. Mas nele está presente a sonoridade musical característica, como se nota nas palavras terminadas em "ia" que pontuam os quartetos e que ecoam nos "ida" e "ira" dos tercetos, e na repetição enfática de palavras.

O poema trata de um episódio bíblico (*Gênesis*, 29), transformando inteiramente a história original. Na *Bíblia*, Jacó, irmão de Esaú, filho de Isaac e Rebeca, é mandado pelos pais à casa de Labão, onde devia tomar uma esposa. Chegando lá, escolhe Raquel, a filha mais nova, por quem trabalha durante sete anos. Na noite das bodas é enganado por Labão, que lhe entrega Lia à noite, sem que ele perceba a troca. Na manhã seguinte, Labão explica ao infeliz Jacó não terem eles naquela região o hábito de casar a caçula antes da mais velha. Confrontado por Jacó por tê-lo enganado, Labão aceita dar-lhe Raquel em casamento uma semana mais tarde, em troca de mais sete anos de serviço. Ao contrário da história bíblica, no poema camoniano há um novo drama: o de trabalhar mais sete anos antes de obter a posse da amada. Um sacrifício dobrado, uma abnegação causada por um amor sem limites, um sentimento que não desiste diante da maior adversidade – elementos que não estão presentes na *Bíblia*, mas que são a alma do poema. Como bem resume Maria de Lourdes Saraiva na *Lírica completa*: "Nem a linguagem, nem as circunstâncias do relato bíblico aparecem refletidas no soneto que, aliás, dá ao episódio um sentido que não se encontra no Gênesis: o da constância do amor".

De qualquer forma, Camões parece ter sido mais fiel à sugestão poética de uma canção de Petrarca, na qual, para provar que não amava nenhuma outra, mas somente Laura, o poeta diz: "por Raquel servi e não por Lia, [...] quando me chamar o Céu, irei com ela voando no carro de Elias".[1] O que importa aqui é o amor que ultrapassa todas as fronteiras, da morte ou, no caso camoniano, por dedicação a uma mulher.

Se desde a Idade Média o amor é entendido como um serviço e uma servidão, sendo o apaixonado um escravo do amor e da amada, a quem presta um "serviço" amoroso, no poema camoniano essa concepção é levada ao pé da letra: Jacó não é apenas um escravo do amor que sente por Lia, mas também um real escravo de Labão. A concepção do amor como ser-

---

[1] "Per Rachel ò servito, et non per Lia;/ [...]/ quando 'l ciel ne rappella,/ girmen con ella in sul carro de Helia."

viço e servidão é aplicada a outro contexto, numa peculiar mistura da poética renascentista com um episódio bíblico, a fim de – como costumava o poeta – jogar com as duas acepções da palavra escravo, a referencial (escravo de um senhor) e a poética (escravo do amor). Articulação de sentidos que fará explicitamente em versos como "cativo de uma cativa" (apaixonado por uma escrava) e ainda outros semelhantes.

A antítese do verso final, *Para tão longo amor, tão curta a vida*, ergue o dramatismo ao máximo, ao assegurar que trabalharia ainda mais de 14 anos se fosse preciso. A fórmula torna-se uma espécie de emblema poético, a serviço de todo tipo de imitação (no bom sentido), como a levada a cabo por Gregório de Matos, no século XVII, em tom jocoso: "Se para um longo amor é curta a vida,/ Meu amor vos escusa de homicida"; ela não precisa matá-lo de amor visto a vida já ser curta, engenhoso desenvolvimento conceitual que o baiano terá aprendido com seu mestre, Luís de Camões.

Há uma bela versão musical do soneto pelo grupo português de música antiga *Os segréis de Lisboa*.

SONETO VII

Está o lascivo e doce passarinho
Com o biquinho as penas ordenando,
O verso sem medida, alegre e brando,
Expedindo no rústico raminho.

5   O cruel caçador (que do caminho
Se vem calado e manso, desviando)
Na pronta vista a seta endireitando,
Lhe dá no Estígio lago eterno ninho.

Dest'arte o coração, que livre andava,
10 (Posto que já de longe destinado)
Onde menos temia foi ferido.

Porque o frecheiro cego m'esperava,
Pera que me tomasse descuidado,
Em vossos claros olhos escondido.

(1595, 25)

---

1 *lascivo*: travesso, brincalhão.
3 *verso sem medida*: o canto do pássaro.
4 *expedindo*: emitir, soltar; *expedindo o verso sem medida*, cantar.
6 *manso*: silencioso.
8 *Estígio lago*: Estige, rio do Inferno na mitologia clássica.
8 *eterno ninho*: túmulo; *Lhe dá no Estígio lago eterno ninho*: perífrase para morte.
8 "Em morte lhe converte o caro ninho": variante de 1598.
9 *dest'arte*: destarte, desta maneira, assim.
11 *onde*: quando.
12 *frecheiro cego*: flecheiro cego; Cupido, deus do amor, era representado como um menino de olhos vendados.
13 *pera*: para.
13 *me tomasse descuidado*: me pegasse desprevenido.

COMENTÁRIO AO SONETO VII

Amor à primeira vista

Soneto engenhoso, refinado, alegórico. O *passarinho* que ordena as penas com o *biquinho* e canta pousado no *rústico raminho*, com os diminutivos reiterados enfatizando a pureza do quadro como bem observou Faria e Sousa, simboliza o poeta a ordenar, compor, ou mesmo a recitar os seus versos líricos, despreocupado e feliz. A cena bucólica pintada nos quartetos podia ser decifrada pelos leitores cultos instantaneamente. Desde a Idade Média, pelo menos, pássaros pousados em ramos a cantar eram imagens conhecidas da poesia amorosa, como se constata, por exemplo, na lindíssima cantiga de Nuno Fernandes Torneol que diz "todas las aves do mundo de amor cantavam", em que as aves, vívidas e alegres, são levadas à morte pela supressão da água que bebiam e do próprio ramo em que pousavam, numa narrativa figurada do rompimento amoroso.

Como no seu antepassado do século XIII, no soneto de Camões o cenário idílico é bruscamente interrompido pela fatalidade. O cruel caçador, sem ser visto, atinge e mata (*lhe dá no Estígio lago eterno ninho*) o passarinho com uma flechada certeira ou, em outro nível de leitura, o poeta é subitamente atingido por uma seta de Cupido (*o frecheiro cego*) e morre de amor, ou seja, se apaixona.

Os tercetos, ao principiarem por *desta arte* (destarte, desta forma) desmontam a alegoria pintada nos quartetos. Neles, o discurso se interioriza, o sujeito poético fala de si, revelando a identidade passarinho-poeta: seu coração, que andava livre, foi atingido por um amor inesperado, numa emboscada de Cupido (*para que me tomasse descuidado*), fato provocado por seu destino (*posto que já de longe destinado*). O desenlace do poema, na bela e nada óbvia antítese *em vossos claros olhos escondido*, mostra como os límpidos olhos da amada encobriam o *frecheiro cego* que inadvertidamente o acertou. Elaborada cena para significar paixão à primeira vista, ao primeiro olhar. Em outro soneto, Camões emprega a mesma imagem de Cupido escondido nos olhos da amada:

> Quem pode livre ser, gentil Senhora,
> Vendo-vos com juízo sossegado,
> Se o Menino que de olhos é privado
> Nas meninas de vossos olhos mora?

Falta-nos muito, com certeza, para ler o poema como liam os contemporâneos de Camões, que saberiam melhor do que nós decifrar uma série de alusões diretas ou indiretas, seja a imagens poéticas conhecidas, seja a nomes ou sobrenomes, por meio de sugestões sonoras ou referências imagéticas ou literárias.

SONETO VIII

Pede o desejo, dama, que vos veja,
Não entende o que pede, está enganado.
É este amor tão fino e tão delgado,
Que quem o tem não sabe o que deseja.

5 Não há cousa a qual natural seja
Que não queira perpétuo seu estado,
Não quer logo o desejo o desejado,
Por que não falte nunca onde sobeja.

Mas este puro afeito em mim se dana,
10 Que como a grave pedra tem por arte
O centro desejar da natureza.

Assi o pensamento (pela parte
Que vai tomar de mim, terrestre, humana)
Foi, senhora, pedir esta baixeza.

(1595, 26)

---

3 *fino, delgado*: refinado, espiritual, neoplatônico.
5 *natural*: pertencente à natureza, da natureza.
7 *logo*: dessa forma.
8 *sobeja*: sobra, em excesso.
9 *afeito*: afeto, sentimento.
10 *que como*: da mesma forma que.
10 *grave*: pesada.
12 *assi*: assim.

COMENTÁRIO AO SONETO VIII

A física do desejo

Encontramos aqui a mesma discussão travada em *Transforma-se o amador na coisa amada*, inclusive com o emprego de conceitos da filosofia natural da época para explicar a natureza do desejo. Mais uma vez, temos duas concepções do amor em confronto. De um lado, a afeição espiritual, neoplatônica, que aspira somente à contemplação da mulher amada; de outro, o amor terreno, o apetite carnal. Como bem resumiu Camões em uma das peças de teatro que escreveu – o *Auto do Filodemo* –, um confronto entre o "amor pela passiva" (contemplação da beleza ideal) e o "pela ativa" (desejo sexual). Ou, ainda, como o poeta escreve na canção I sobre os desejos carnais: "fraquezas são do corpo, que é de terra, mas não do pensamento, que é divino".

Faria e Sousa, o grande comentador de Camões, com a sua tendência a ler biograficamente os poemas, relata que o poeta compôs esse soneto depois de "ter sido assaltado por um desejo lascivo". O verbo *ver* do primeiro verso (*pede o desejo, dama, que vos veja*), segundo ele, significa "vê-la desnuda e não como a via todos os dias". Assim, *ver* significaria não apenas encontrar a mulher amada, mas também tocá-la, tê-la. Por esse motivo, o poema não costumava figurar em antologias escolares.

O amor *fino* e *delgado* pertence ao plano poético, filosófico, aos versos de Petrarca, de Garcilaso e a outros modelos seguidos então. Em conflito com tal concepção amorosa, o sujeito poético desculpa-se por sentir o desejo de vê-la, justificando-se: *está enganado, não sabe o que deseja*. É como se ele dissesse que a vontade carnal, por não se adequar ao espaço filosófico dos sonetos, é um deslize naqueles 14 versos geralmente neoplatônicos. No segundo quarteto, argumenta que, na verdade, o desejo não busca ser aplacado (*não deseja o desejado*) porque, se o for, se extinguirá: em lugar de sobrar (*sobejar*), o desejo diminuirá, faltará. O amor satisfeito, entende-se, é um amor extinto: quando se conquista a posse física, o desejo chega ao fim.

Como de hábito, os tercetos começam com uma adversativa – *mas* –, que desmonta a argumentação anterior. *Mas*... as coisas, na verdade, não são bem assim. A carne demanda a satisfação de seu apetite. O puro amor, puro afeto (*afeito*) nele se dana. Em outras palavras, vão para o espaço os conceitos puros neoplatônicos e petrarquistas. O corpo é como uma pesada pedra que, jogada para o alto, para o céu, desce rapidamente em direção à terra, ao terrestre. Camões não fala aqui da lei da gravidade, que só seria descoberta um século mais tarde. Tais conhecimentos sobre a então chamada filosofia natural (a física) vinham da escolástica, que acreditava ser a natureza regrada pelo princípio da ordem estática do universo. *Não há cousa a qual natural seja,/ que não queira perpétuo seu estado* significa exatamente isso: a tendência das coisas da natureza é permanecer no seu lugar, refletindo uma ordem determinada por Deus. Um dos exemplos que encontramos em São Tomás de Aquino, um dos filósofos da Igreja muito estudados na época, para ilustrar tal princípio é exatamente o usado aqui por Camões: uma pedra cai porque busca o seu lugar natural no solo. O trecho de São Tomás de Aquino diz que, assim como o homem vicioso é atraído para o vício, a pedra que cai é atraída para a terra. A ideia desenvolvida pelo soneto parte daí: assim como a pedra deseja o centro da natureza (o chão), o corpo deseja o outro corpo. Temos aqui a filosofia natural da escolástica unida à filosofia do amor renascentista numa engenhosa combinação, na medida para ser decifrada pelos leitores "discretos" e cultos.

A conclusão do soneto continua a jogar com as imagens de alto e baixo, céu/terra, espírito/corpo, arrematando a tensão entre os dois polos do amor com uma justificativa: o desejo pediu *esta baixeza* (vê-la, tê-la) levado pela parte *terrestre, humana*.

Podemos observar que talvez não haja uma tomada de partido por um lado ou por outro. Há, como já notou um grande leitor de Camões, Helder Macedo, uma ironia, um certo humor, escondido atrás da engenhosidade conceitual desse soneto. Isso fica mais evidente se o lermos tendo em mente o divertido trecho do *Auto do Filodemo*, citado acima, em que um dos personagens ri do neoplatonismo do outro. Duriano caçoa do amor "especulativo", "fino como melão" de Filodemo: "e virá logo o vosso Petrarca, e vosso Petro Bembo, ateado a trezentos Platões...". E, assim, desvenda as influências literárias do fino amor de Filodemo, que sustentava "razões verossímeis e aparentes" para desejar somente contemplar a sua amada. Para Duriano, ao contrário, se lhe entregassem a sua dama "tosada e aparelhada entre dois pratos", não ficaria "pedra sobre pedra": "que os meus amores hão de ser pela ativa, e que ela há de ser a paciente e eu o agente".

SONETO IX

Mudam-se os tempos, mudam-se as vontades,
Muda-se o ser, muda-se a confiança,
Todo o mundo é composto de mudança,
Tomando sempre novas qualidades,

5   Continuamente vemos novidades,
Diferentes em tudo da esperança,
Do mal ficam as mágoas na lembrança,
E do bem (se algum houve) as saudades.

O tempo cobre o chão de verde manto,
10   Que já coberto foi de neve fria,
E enfim converte em choro o doce canto.

E afora este mudar-se cada dia,
Outra mudança faz de mor espanto,
Que não se muda já como soía.

(1595, 53)

---

2 *confiança*: as coisas nas quais se acredita.
3 *mudança*: instabilidade.
4 *qualidades*: aspectos.
5 *novidades*: acontecimentos.
6 *diferentes em tudo da esperança*: diferentes do que se esperava.
8 *saudades*: deve-se ler sa-u-da-des, com quatro sílabas, usando a diérese.
9 *O tempo cobre o chão de verde manto*: a primavera.
10 *coberto foi de neve fria*: o inverno.
13 *mor*: maior.
14 *soía*: costumava.

COMENTÁRIO AO SONETO IX

O tema camoniano da mudança

Temos aqui um daqueles poemas antológicos, muito conhecido e imitado. Seu renome já no século XVI pode ser atestado pelas diferentes versões encontradas em manuscritos, o que demonstra que foi entusiasticamente copiado e recriado por copistas-poetas. Muitos queriam escrever uma versão, adicionando aqui e ali o seu toque pessoal. O *incipit* do soneto ressoou através dos séculos até hoje, sendo recriado, por exemplo, por Gregório de Matos ("Muda-se o tempo, e suas temperanças"), glosado por Cláudio Manuel da Costa, e, já no século XXI, pelo escritor moçambicano Mia Couto ("Mudam-se os tempos, desnudam-se as vontades"), entre outros exemplos que poderíamos dar, incluindo aí José Saramago. Caminhando para trás, vamos dar no poeta latino Horácio, que discorria sobre as mudanças das estações comparando-as às mudanças da vida. Chegando mais perto de Camões, vamos encontrar o tema, entre outros, no catalão Ausias March, poeta do século XV, cujos versos, traduzidos para o castelhano pelo português Jorge de Montemór no século XVI, dizem assim: "Mudam-se as vontades,/ não há firmeza em vontade".[1] É um poema de mãos dadas com o pas-

---

[1] "Múdanse las voluntades,/ No hay firmeza en voluntad."

sado, o presente e o futuro. O tema da mudança é uma marca registrada de Camões, mas também ocupa lugar relevante na poesia de seus contemporâneos.

A fluidez, a musicalidade, o ritmo, os conceitos do soneto são uma espécie de aula de poesia renascentista. "Pesa mil arrobas de majestade, de elegância, de imagens de belezas. Seu argumento é a instabilidade de tudo o que compõe este miserável mundo", comentava Faria e Sousa, deslumbrado.

O belo início do poema com as repetições anafóricas e os versos bimembrados (*mudam-se / mudam-se*; *muda-se / muda-se*) cria o próprio som e ritmo daquilo que muda constantemente, em ciclos, em ondas, e é arrematado, no primeiro quarteto, ainda pela suave anáfora sonora (todo/tomando). Tudo muda, a vida é marcada pela instabilidade, tanto dos eventos externos (*tempos, qualidades*) quanto da própria subjetividade humana, do que há no interior de nós mesmos (*ser, vontades*).

As *novidades diferentes da esperança que vemos continuamente* nada mais são do que as coisas que acontecem diferentemente do que tínhamos planejado ou esperado. Durante o decurso da vida, afirma o sujeito poético, ocorreram mais acontecimentos maus (marcados na memória, *na lembrança*) do que bons. Tal ideia é constante na poesia camoniana e na de seus contemporâneos: muitos choram hoje, no presente, e foram felizes (*doce canto*) no passado, da mesma forma que a primavera (*verde manto*) sucede ao inverno (*neve fria*). O poema trabalha lugares-comuns poéticos (*topoi*) e joga com os opostos mal/inverno/choro e bem/primavera/canto. Articulando essas antíteses está o *tempo*, inexorável em suas contínuas mudanças.

No terceto final, Camões dá o seu famoso *twist*, o pulo do gato, o fecho genial. Muito já se escreveu sobre esses três versos, com diferentes interpretações.

> E afora este mudar-se cada dia,
> Outra mudança faz de mor espanto,
> Que não se muda já como soía.

Tudo muda continuamente, sim. Mas hoje em dia há ainda uma mudança mais radical do que as do passado: já não se muda como costumava ocorrer. O mundo está em desconcerto, fora do lugar – ideia cara à poesia camoniana. A tal ponto, que a própria mudança mudou, saiu do habitual, do costumeiro. Se antes mudava de bem para mal, alternando um e outro, agora muda de forma diferente. Faria e Sousa acredita que a mudança passa a se dar de mal para mal, "de um mal a outro maior". É essa também a interpretação de Cláudio Manuel da Costa: "Esta ordem natural a tudo alcança;/ E se alguém um prodígio ver deseja,/ Veja meu mal, que só não tem mudança". Era moda ser triste, e no arremate do soneto acima vemos como o destino do poeta – o de sofrer – é tão forte que o leva mesmo a quebrar uma regra inamovível da vida, a da mudança.

SONETO X

Quando de minhas mágoas a comprida
Maginação os olhos m'adormece,
Em sonhos aquel'alma m'aparece
Que para mim foi sonho nesta vida.

5   Lá nũa soidade, onde estendida
A vista pelo campo desfalece,
Corro para ela, e ela então parece
Que mais de mim se alonga, compelida.

Brado: Não me fujais, sombra benina.
10 Ela (os olhos em mim cum brando pejo,
Como quem diz que já não pode ser),

Torna a fugir-me, e eu gritando, *Dina*!
Antes que diga *Mene*, acordo, e vejo
Que nem um breve engano posso ter.

(1598, 72)

---

1 *comprida*: intensa.
2 *maginação*: imaginação.
5 *soidade*: solidão.
8 *se alonga*: se afasta, se distancia.
8 *compelida*: obrigada, forçada.
9 *brado*: grito.
9 *sombra*: fantasma.
9 *benina*: benigna, bondosa.
10 *brando pejo*: suave timidez, acanhamento.
14 *engano*: ilusão.

COMENTÁRIO AO SONETO X

Sombra divina e benigna

A namorada chinesa, Dinamene, vítima de um naufrágio, seria o objeto desse soneto, que encena a aparição, em sonhos, de uma amada falecida. Estamos, assim, sob o mesmo influxo que rege *Alma minha gentil, que te partiste* que, com este e outros, segundo alguns críticos, comporia o "ciclo de Dinamene".

A concisão formal, a exatidão das palavras, as sugestivas aliterações em *m*, os sutis quiasmas, as sonoras repetições (*pra ela, e ela*) e a dramaticidade do discurso direto do sujeito lírico que *brada* e *grita*, e talvez ainda outras características poéticas, fazem com que Faria e Sousa, na segunda metade do século XVII, resuma: "é maravilhoso este soneto". O que lhe encantava eram sobretudo as "lástimas", as queixas chorosas e desesperadas do poeta por sua amada morta. Podemos imaginar o sucesso dessa composição entre os românticos.

As sombras, os fantasmas aparecendo em sonhos eram uma cena clássica presente em diversos autores da Antiguidade. Mais próximo a Camões, temos a canção 47 de Petrarca[1] – um antecedente direto desse soneto –, em que este,

---

[1] Poema CCCLIX do *Cancioneiro* de Petrarca, *Quando il soave mio fido conforto*.

dormindo, vê Laura, já falecida, sentada à esquerda da sua cama e com ela conversa dolorosamente. Dante Alighieri, em um dos mais encantadores livros de poesia do Ocidente, *Vida nova*, tem uma frase semelhante ao verso camoniano: "E pensando nela, me sobreveio um suave sonho, no qual me apareceu uma maravilhosa visão".[2] Dante não vê o fantasma de Beatriz, a sua visão é de outra natureza. Mas o detonador da visão é o pensamento na amada. De forma similar, o sonho do poema camoniano é provocado pela *maginação* das *mágoas*, ou seja, pela rememoração da amada e do sofrimento causado por sua morte.

No segundo quarteto, já está instaurado o sonho. A cena é visualmente ampla: em um campo desolado e inabitado, onde os olhos do poeta estendem metaforicamente a sua saudade, o sujeito lírico corre em direção à *sombra benina*. Porém, quanto mais ele corre, mais ela se afasta, como numa cena de filme ou num pesadelo.

No primeiro terceto, o poema muda. Entra o discurso direto: o sujeito lírico grita e pede que ela não fuja. Ao contrário da Laura petrarquiana, Dinamene não pode falar, diz apenas com os olhos, pesarosamente, que não pode abraçá-lo. A fuga da amada pelo vasto prado continua no último terceto, quando o encanto, o sonho, rapidamente se desfaz justo no momento em que o poeta grita o nome da amada. Ele não chega sequer a completar a pronúncia do nome, pois o súbito acordar o interrompe (*Dina... mene*), processo empregado por outros poetas. Quem nunca acordou ao gritar em um sonho?

---

[2] "E pensando di lei, mi sopragiunse uno soave sonno, ne lo quale m'apparve una maravigliosa visione."

A conclusão do soneto insiste, mais uma vez, na má fortuna, na má estrela do poeta, que o condena a nunca ter sorte: *que nem um breve engano posso ter.* Nem mesmo em sonhos pode ter novamente a mulher amada.

Trata-se de um poema narrativo, com o emprego do discurso direto (o sujeito lírico fala diretamente à amada – *Não me fujais, sombra benina*), que lança mão de um recurso frequente em Camões: a exploração da riqueza semântica das palavras. Assim, no segundo verso, *sonho* tem o sentido lato e, no quarto verso, um sentido figurado (ela foi para ele *um sonho em vida*, um encantamento, um grande amor).

O poema é publicado pela primeira vez na segunda edição das *Rimas*, em 1598, e o manuscrito que deu origem a essa edição registra uma variante que mostra o tipo de modificações que a censura da Santa Inquisição costumava fazer nos livros impressos. No verso que diz "Não me fujais, sombra benina", o manuscrito original registra "sombra divina". A Santa Inquisição não gostava de ver o adjetivo *divino* aplicado ao que não fosse diretamente ligado a Deus ou aos santos católicos, por isso o trocou por "benina" (benigna, boa), forma que encontramos nas *Rimas* impressas em 1598. Todos os livros passavam pelo crivo da Inquisição, que dava a licença para o manuscrito ser impresso e fazia "emendas", correções, onde julgasse conveniente.

SONETO XI

Como quando do mar tempestuoso
O Marinheiro, lasso e trabalhado,
Dum naufrágio cruel já salvo a nado,
Só ouvir falar nele o faz medroso,

5   E jura que, em que veja bonançoso
O violento mar, e sossegado,
Não entre nele mais, mas vai forçado
Pelo muito interesse cobiçoso,

Assi, senhora, eu, que da tormenta
10   De vossa vista fujo, por salvar-me,
Jurando de não mais em outra ver-me,

Minh'alma que de vós nunca s'ausenta,
Dá-me por preço ver-vos, faz tornar-me
Donde fugi tão perto de perder-me.

                     (1598, 80)

---

1 *como quando*: assim como, da mesma forma que.
2 *lasso e trabalhado*: cansado e experiente.
5 *em que*: ainda que.
5 *bonançoso*: calmo.
7 *forçado*: obrigado, impelido a.
9 *assi*: assim.
9 *tormenta*: tempestade.
11 *jurando*: tendo prometido a si mesmo.
12 *s'ausenta*: se ausenta.
13 *Dá-me por preço ver-vos*: obriga-me que a veja.
13 *tornar-me*: voltar para, retornar.
14 *perder-me*: apaixonar-me.

COMENTÁRIO AO SONETO XI

Amor, navegações e cobiça

Não era propriamente uma novidade comparar os tormentos do amor com as tormentas enfrentadas no mar. Estamos numa época de poetas-soldados, como Garcilaso e Camões, homens que embarcavam em navios e enfrentavam o mar, lutavam em batalhas e escreviam versos de amor. Esse poema é inspirado no soneto VII de Garcilaso: "como acontece a quem há escapado/ livre da tormenta em que se viu/ eu havia jurado nunca mais meter-me/ ...em outro perigo".[1] A homenagem a seu mestre espanhol era explícita para o bom entendedor daqueles tempos. O vocábulo *lasso* do segundo verso talvez seja uma referência ao poeta espanhol, que em alguns poemas se apodava simplificadamente Lasso. A metáfora náutica era uma velha conhecida. Naufragar numa tormenta e dar-se mal em um caso amoroso vinha de longe e todos sabiam de cor o trecho da ode V de Horácio, dedicado à perigosa Pirra, em que um subjugado amante lamenta o naufrágio na tempestade de seus enganosos amores.

O poema é composto por um só período, um raciocínio encadeado, que se fecha no ponto final no fim do último ter-

---

[1] "Como acontece a quien ha ya escapado/ libre de la tormenta en que se vido./ Yo había jurado nunca más meterme/[...] en otro tal peligro."

ceto. Os quartetos se empenham na construção da metáfora marítima e os tercetos se dedicam a desmontar a metáfora e relacioná-la à vida amorosa do sujeito lírico, estrutura habitual nos sonetos camonianos. Entretanto, a diferença aqui é que há um paralelismo entre o plano dos quartetos e o dos tercetos. No primeiro plano, no cenário marítimo, sabemos que o marinheiro, mesmo após naufragar e mesmo tendo prometido nunca retornar ao mar, termina por voltar levado pelo interesse cobiçoso, financeiro, o desejo pelo dinheiro. As viagens marítimas na época dos Descobrimentos eram também empreendimentos comerciais, nos quais muitos procuravam fazer fortuna. No segundo plano, o dos tercetos, voltado à subjetividade do poeta, ele jura nunca mais tornar a ver a amada, para evitar a tormenta do amor e o subsequente naufrágio, pois se entende o amor como uma perdição. O enamorado, contudo, termina por voltar a vê-la e apaixonar-se (*perder-se*), levado pelo seu incontornável sentimento amoroso: *minh'alma que de vós nunca s'ausenta*, ela não lhe sai do pensamento. Levado, portanto, pela cobiça amorosa, o desejo pela mulher amada. Dessa forma, Camões atualiza a metáfora marítima no contexto das empresas comerciais dos Descobrimentos. Amor nos tempos do surgimento do capitalismo globalizado. O poema, assim, reflete sobre dois sentidos da palavra cobiça, a financeira e a amorosa.

Há uma concisão e uma engenhosidade tanto no arranjo sintático quanto na disposição simétrica dos dois planos do poema. Como observou a professora Cleonice Berardinelli na sua monumental edição dos sonetos de Camões: "o paralelismo morfo-sintático-semântico faz deste soneto um dos mais bem estruturados de Camões".

SONETO XII

Amor é um fogo qu'arde sem se ver,
É ferida que dói, e não se sente,
É um contentamento descontente,
É dor que desatina sem doer.

5 É um não querer mais que bem querer,
É um andar solitário entre a gente,
É nunca contentar-se de contente,
É um cuidar que ganha em se perder.

É querer estar preso por vontade,
10 É servir a quem vence o vencedor,
É ter com quem nos mata lealdade.

Mas como causar pode seu favor
Nos corações humanos amizade,
Se tão contrário a si é o mesmo Amor?

(1598, 81)

---

3 *contentamento*: alegria.
4 *desatina*: dispara.
7 *nunca contentar-se de contente*: nunca se contentar com a felicidade, sempre querer mais.
8 *cuidar que ganha em se perder*: pensar que ganha ao se perder de amor.
9 *querer estar preso por vontade*: ser prisioneiro do amor por livre e espontânea vontade.
10 *servir a quem vence o vencedor*: é o vencedor a servir o vencido, uma inversão de papéis.
11 *ter com quem nos mata lealdade*: ser leal a quem nos maltrata e mata de amor.
14 "Se tão contrário assim é o mesmo Amor": variante do manuscrito apenso às *Rimas* de 1598.

COMENTÁRIO AO SONETO XII

Os paradoxos do amor

Na edição original de 1598, esse poema vem na sequência de *Como quando do mar tempestuoso*. Continuamos em uma área das *Rimas* em que o amor é uma tormenta, um sentimento atormentado e violento. Observa Faria e Sousa que o soneto contém "notáveis e verdadeiras definições do amor". É todo montado sobre oximoros, ou seja, palavras opostas que juntas formam um paradoxo (a dor que não dói, a felicidade infeliz etc.), e antíteses. Por meio dos paradoxos, do choque dos sentimentos opostos, o poeta procura dar conta da complexidade da vivência amorosa.

Para tanto, emprega uma estrutura peculiar, arrumada como uma máquina de alta precisão, um esquema. Seguros pelas anáforas (*É, É, É,* sempre em início de verso), temos versos bimembrados, partidos em dois lados opostos (*que dói /e não se sente*; *que desatina /sem doer*), e a enumeração dos paradoxos segue sem interrupção até ser quebrada pelo desfecho do poema, no último terceto, quando temos o *twist*, a virada que todo bom soneto precisava ter.

É o único trecho que apresenta dificuldades para o leitor de hoje. O poema fecha com uma pergunta, suscitada pela enumeração dos paradoxos ou contrários do amor. Se o amor é tão contrário a si mesmo, debatendo-se entre dois polos, como pode cativar os corações humanos? Como pode provocar o enamoramento? É uma pergunta retórica. O poema arma-se como um circuito circular: começa e termina com a mesma palavra, *amor*. Aí está a resposta para a pergunta: o amor pode sim enamorar com seus contrários, com sua tensão de paradoxos. É exatamente dessa maneira que age *nos corações humanos*.

Já dizia o poeta romano Catulo, no primeiro século antes de Cristo, numa antítese lapidar: *amo et odio*, amo e odeio. Essa lição de poesia amorosa, que ensina o uso dos pares antitéticos, veio a frutificar, entre outros, em Petrarca, que forneceu aos poetas renascentistas uma série de consagradas imagens de contrários do amor. Nesse soneto, Camões as usa em concentração máxima, mas também com máxima originalidade.

Mesmo tendo sido escrito há quase 500 anos, *Amor é um fogo que arde sem se ver* é também um poema contemporâneo, fresco, familiar. Naturalizou-se brasileiro e tornou-se conhecido do grande público ao integrar a letra da música *Monte Castelo*, de Renato Russo, passando a fazer parte do cancioneiro da MPB. Renato Russo monta a canção com belos trechos de São Paulo na *Bíblia* e incorpora quase todo o soneto camoniano, excluindo o último terceto, justamente o que apresenta mais dificuldades e quebra o ritmo das estrofes anteriores.

Monte Castelo, a música, atualiza o poema renascentista com grande êxito e eficácia poética e musical. E nos faz lembrar que muita da poesia da época de Camões era musicada e executada em *performance* diante de uma audiência.

Ainda que eu falasse a língua dos homens
E falasse a língua dos anjos
Sem amor eu nada seria

É só o amor, é só o amor
Que conhece o que é verdade
O amor é bom, não quer o mal
Não sente inveja ou se envaidece

O amor é fogo que arde sem se ver
É ferida que dói e não se sente
É um contentamento descontente
É dor que desatina sem doer
[...]

Entre a enorme difusão do poema, podemos destacar também o *Soneto de fidelidade* de Vinicius de Moraes, com as melodiosas oposições de acento camoniano ("rir meu riso/ derramar meu pranto"; "seu pesar/seu contentamento") e o emblemático verso "que seja infinito enquanto dure".

SONETO XIII

O céu, a terra, o vento sossegado,
As ondas, que se estendem pela areia,
Os peixes, que no mar o sono enfreia,
O noturno silêncio repousado.

5 O pescador Aônio, que deitado
Onde co vento a água se meneia,
Chorando, o nome amado em vão nomeia,
Que não pode ser mais que nomeado.

Ondas, dizia, antes que Amor me mate,
10 Tornai-me a minha Ninfa, que tão cedo
Me fizestes à morte estar sujeita.

Ninguém lhe fala, o mar de longe bate,
Move-se brandamente o arvoredo,
Leva-lhe o vento a voz, que ao vento deita.

(1616, 7)

---

3 *enfreia*: põe freio (frear um cavalo); o sono põe freios nos peixes.
5 *Aônio*: anagrama de João (Ioan).
6 *meneia*: balançar, sacudir.
10 *tornai-me*: devolvei-me.
10 *tão cedo*: prematuramente; ela morreu precocemente.
14 *deita*: lança, joga.

COMENTÁRIO AO SONETO XIII

Palavras lançadas ao vento

"A elegância, e a ternura de imagens e afetos que há nesse soneto são admiráveis sem dúvida alguma, e totalmente invencíveis", admirava-se Faria e Sousa, com sua peculiar falta de contenção crítica. Mais modernamente, o professor Hélio J. Alves, em um importante artigo, qualifica-o, ao lado de *Quando de minhas mágoas a comprida* e *Aquela leda e triste madrugada*, como "suprema e absoluta obra-prima".

Não se trata de um soneto conceitual ou daqueles pautados na engenhosidade, que buscam a decifração erudita. Temos aqui algo como uma cena em movimento, um quadro vivo. O tema, mais uma vez, é a dor por ter perdido a amada no mar. Alguns críticos acreditam referir-se também a Dinamene, a namorada chinesa morta em um naufrágio, que teria inspirado uma série de poemas. O céu, a terra, o vento, as ondas e mesmo os peixes do mar, sonolentos naquela noite melancólica, refletem a alma triste do sujeito lírico; a natureza espelha os sentimentos namorados.

No primeiro quarteto, a ausência de conectivos entre os versos resulta numa enumeração descritiva do cenário marítimo noturno. A sinestesia é sugerida pelos sons do vento e das ondas batendo na areia, pelas imagens do céu e da terra à noite, juntamente com as sensações físicas provocadas pelo vento e pela água do mar, em tom de *silêncio repousado*. Nesse ambiente em que até os peixes estão entorpecidos (é notável a imagem dos peixes freados, como cavalos aquáticos, pelo sono), o pescador Aônio, sozinho, chama o nome da mulher amada, morta no mar, deitado à beira da água. "À beira-mágoa", como diria Fernando Pessoa. As lágrimas não precisam nem mesmo ser nomeadas, tal a carga aquática do poema. Seu chamado cai no vazio (*o nome amado em vão nomeia*), é somente um lamento, pois ela não pode mais lhe responder.

Os tercetos começam com a entrada do discurso direto – que empresta estrutura dramática ao poema –, uma invocação às ondas que levaram a mulher amada (*Ondas, dizia, antes que Amor me mate*). Nesse trecho, Camões dialoga com a belíssima écloga segunda de seu mestre Garcilaso, em que as ondas, também invocadas, são o elemento detonador de recordações tristes, da perda. O espanhol havia perdido sua amada – a portuguesa Isabel Freire – assim como Camões sofreu uma perda marcante, mas não há meios para identificar a namorada perdida para as ondas, tendo em vista os poucos documentos e dados concretos sobre a vida do poeta português.

Como em *Alma minha gentil, que te partiste* e outros poemas, temos uma morte prematura. Chorar em versos uma namorada morta precocemente era uma prática poética que vinha desde os gregos e os romanos, e havia passado pela Idade Média com Dante e Petrarca, vindo a desembocar, ao longo do século XVI, nas muito lidas e apreciadas éclogas e prosas da *Arcadia* do italiano Jacopo Sannazaro e na lírica dos espanhóis Garcilaso e Boscán. Não temos como saber se Camões nesse poema trata de um episódio biográfico, se trabalha sobre um motivo literário caro aos poetas da sua época ou se, ainda, refere biograficamente outra pessoa.

Continuando a leitura do poema, depois da invocação às ondas, estas não lhe respondem e não lhe restituem a amada, como havia pedido (*Ondas... tornai-me a minha Ninfa*). Os sons que lhe respondem são os mesmos do primeiro quarteto (ventos, ondas, areia, ar marítimo), o círculo se fecha. Ocorre, entretanto, a inclusão de mais um elemento: a música provocada pelo vento soprando sobre as árvores, levando junto a sua voz e o nome da amada. O tempo decorrido entre a primeira e a última estrofe é aquele de uma lufada de vento, que vem do mar, atravessa a praia e chega ao arvoredo.

No último verso, a aliteração em *v* (*leva-lhe o vento a voz, que ao vento deita*) é significativa. Reproduz o som do vento sobre as árvores ou dá uma pista sobre o nome da amada? Seria uma Violante?

O poema se dá na ambiência das éclogas piscatórias. As éclogas são antigas composições poéticas pastoris, em que cabreiros e ovelheiros cantam seus dramas amorosos (sob os quais se escondem lances biográficos de seus poetas e circunstâncias de época). Esse peculiar gênero literário, muito visual e teatral, sofreu uma intensa renovação no princípio do século XVI, realizada pelo italiano Jacopo Sannazaro, que trocou os pastores por pescadores e o ambiente bucólico pelo marinho, criando um novo modo, o piscatório (de peixes). A inovação foi atualizada por Garcilaso com suas ninfas d'água e a ambiência aquática nas margens do rio Tejo, e essas imagens são invocadas aqui no soneto camoniano. Em diálogo com as marcantes leituras de Sannazaro e Garcilaso, nesse soneto temos como que uma cena de uma écloga piscatória.

Nessa época de inovações, recriações e intercambiações, temos aqui uma experimentação, algo que poderíamos chamar de soneto piscatório, um exercício poético que traz para o contido soneto o ambiente e os motivos das éclogas tão valorizadas na época.

SONETO XIV

Cá nesta Babilônia, donde mana
Matéria a quanto mal o mundo cria,
Cá onde o puro amor não tem valia,
Que a mãe, que manda mais, tudo profana.

5   Cá onde o mal se afina e o bem se dana,
E pode mais que a honra a tirania,
Cá onde a errada e cega Monarquia
Cuida que um nome vão a desengana.

Cá neste labirinto onde a nobreza
10 Com esforço e saber pedindo vão
Às portas da cobiça e da vileza.

Cá neste escuro Caos de confusão,
Cumprindo o curso estou da natureza.
Vê se me esquecerei de ti Sião.

(1616, 9)

---

1 *Babilônia*: rio da Babilônia, terra do desterro dos judeus na *Bíblia*; quer dizer figuradamente a Índia, o Oriente.
3 *puro amor*: amor refinado, espiritual, não carnal.
4 *mãe*: Vênus, a mãe de cupido (Amor); *manda mais*: sua influência é maior que a do filho.
5 *o bem se dana*: o bem desaparece, é eliminado.
7 *Monarquia*: a classe dos mandatários.
8 *cuida*: pensa.
8 Faria e Sousa e outros editores preferem corrigir esse verso. Em lugar de *a desengana* escrevem "a Deus engana".
13 *cumprindo o curso estou da natureza*: minha vida está passando.
14 *Sião*: terra natal dos judeus, de onde foram desterrados, na *Bíblia*; representa Portugal, a pátria.

COMENTÁRIO AO SONETO XIV

Vícios e virtudes

Em uma primeira interpretação, temos um poema sobre a dor do exílio. Como sabemos, Camões viveu durante 17 anos no Oriente, sobre o qual escreveu em termos não elogiosos nos seus poemas líricos, na epopeia e também nas cartas. O exílio é também a temática abordada em uma das mais estudadas e significativas redondilhas camonianas, *Sôbolos rios que vão* (*Sobre os rios que vão*), sob cuja influência gravitam alguns sonetos, entre eles *Cá nesta Babilônia, donde mana*. Nesses poemas, emprega-se o topônimo *Babilônia* para designar a Índia – local de perdição, cobiça e corrupção, segundo o poeta – em contraposição a um idealizado Portugal, a pátria distante, referida pelo topônimo *Sião*. Os termos são trazidos da *Bíblia* e adaptados à realidade da época das grandes navegações e à vivência do poeta no Oriente. Interpretar esse poema a partir da identificação de Babilônia com a Índia, onde se encontrava o poeta, e Sião com Portugal, a pátria distante, vem sendo prática adotada desde Faria e Sousa, para quem o poeta "escreveu este soneto na Índia depois que ali se viu perdido [desiludido] e experimentou o modo de proceder dos governadores, capitães e a insaciável cobiça de todos".

Em uma segunda leitura, pode-se entender *Babilônia* como "terra de dor" e *Sião* como "terra de glória", como observa Cleonice Berardinelli em sua edição dos sonetos. Segundo essa interpretação, todos os vícios relatados no poema fariam parte da vida terrena, do inferno em terra, que o crente suporta tendo em mente sua destinação final, Sião, o Céu católico. Estaríamos assim no âmbito de uma poesia de ordem moral, pedagógica, com a estratégia de ensinar as virtudes por meio da apresentação de seus opostos, os vícios. Era muito comum na época o ensino por meio da enumeração de vícios e virtudes. Havia mesmo um jogo de tabuleiro com esse fim, criado pelo humanista João de Barros.

Máximas e sentenças morais são chamadas a compor a lista de males que caracterizam Babilônia, o pilar da composição. O poema é estruturado por anáforas (*Cá, Cá, Cá,* ou seja, cá em Babilônia) que sustentam a enumeração dos vícios. Babilônia, diz o poema, é um lugar essencialmente mau, onde a luxúria predomina sobre o amor puro, e é propícia aos vícios (*onde o mal se afina e o bem se dana*); cidade em que o autoritarismo e o poder (*tirania*) valem mais que a honra, onde os dirigentes (*monarquia*) sentem-se ofendidos por nada (*um nome vão a desengana*), onde os nobres, os trabalhadores e os educados degeneram e se tornam corruptos e vis (*pedindo vão/ às portas da cobiça e da vileza*). Todo o poema é uma descrição de Babilônia.

No último terceto, a descrição dá lugar ao sujeito lírico, que se posiciona no tenebroso cenário como alguém que não tem escapatória (*cumprindo o curso estou da natureza*): ele cumpre o curso da vida na terra, uma vida de tristezas em um mundo marcadamente mau, mas tem no horizonte a terra prometida de Sião, o reino dos céus. Desse ponto de vista, temos um poema profundamente religioso, que sustenta ser a verdadeira vida não a terrena, mas a eterna, após a morte.

A exemplo do que ocorre com as famosas redondilhas sobre Babilônia e Sião, também nesse poema poderia haver a coexistência dessas duas leituras, como nos ensina Cleonice Berardinelli: "podemos dizer que, neste soneto, os dois tempos coexistem, embora menos explicitamente, pois que esta Babilônia, anaforicamente sublinhada pelo advérbio cá, tanto pode ser a Índia como a 'terra de dor', em geral, e Sião pode ao mesmo tempo identificar-se com a pátria distante que lhe permanece na memória ou com a 'Pátria divina' de que se lembra na reminiscência".

SONETO XV

Vencido está de amor	meu pensamento,
O mais que pode ser	vencida a vida,
Sujeita a vos servir	instituída
Oferecendo tudo	a vosso intento.
5 Contente deste bem,	louva o momento,
Ou hora em que se viu	tão bem perdida,
Mil vezes desejando	a tal ferida,
Outra vez renovar	seu perdimento.
Com essa pretensão	está segura
10 A causa que me guia	nesta empresa,
Tão estranha, tão doce,	honrosa e alta.
Jurando não seguir	outra ventura,
Votando só por vós	rara firmeza,
Ou ser no vosso amor	achado em falta.

(1668, 14)

1 *pensamento*: mente.
3 *sujeita a vos servir instituída*: sua vida foi instituída para servi-la, amá-la.
6 *perdida*: perdida de amor.
7 *a tal ferida*: a ferida de amor feita pela flecha de Cupido.
8 *perdimento*: perdição de amor.
10 *nesta empresa*: no empreendimento de amar.
11 *estranha, doce, honrosa, alta*: características da mulher amada.
12 *outra ventura*: outro amor.
14 *achado em falta*: não há falta no amor sentido.
14 Adotamos a variante do *Cancioneiro de Madri*. Na edição de 1668 consta "Sem ser de vosso amor achado em falta".

COMENTÁRIO AO SONETO XV

Tantas letras, uma sentença

A poesia era, além de ocupação de "discretos" e "curiosos", divertimento de salão. Esse soneto é um bom exemplo dos passatempos lúdicos envolvendo ditos, declamações, *performances* e jogos cortesãos. Na primeira edição do poema, na terceira parte das *Rimas* editadas por Álvares da Cunha em 1668, essa característica parece ter passado despercebida. Mas um cancioneiro manuscrito do século XVI já registrava: "este soneto, lidas as primeiras letras diz '*vosso* [voso] *como cativo mui alta senhora*'". Quando tal acontece, diz-se que o poema é acróstico: traz nas primeiras letras dos versos um nome ou, como ocorre aqui, uma sentença.

Os dizeres – uma jura de fidelidade – podem ser lidos nas primeiras letras dos versos da primeira coluna (*Voso como catjvo*), tomando o *j* por um *i*, e seguindo as primeiras letras da segunda coluna (*mvi alta senhora*), tomando o *v* por um *u*. Os versos, para permitir tal leitura, devem ser repartidos a partir da sétima sílaba métrica em duas colunas.

A sentença escondida ao longo das linhas resume o tema do soneto: ele é escravo do amor da mui alta senhora. Como esclarece Faria e Sousa, eram expressões correntemente usadas: nas cartas, colocava-se *mui alta senhora* acima, no endereçamento, e ao final assinava-se *vosso como cativo*.

O poema diz que tanto o pensamento quanto a vida do sujeito lírico estão vencidos pelo amor, ou seja, subjugados, e que tudo oferecem à amada (*oferecendo tudo a vosso intento*). Dessa forma, festeja o momento em que se apaixonou (*perdimento*), no qual foi flechado por Cupido (*a tal ferida*). A causa principal desse amor (*nesta empresa*) é a mulher amada, rara (*estranha*), *doce, honrosa* e elevada socialmente (*alta*). No último terceto, ocorre a jura de fidelidade: ele não seguirá outra ventura, amando somente a ela (*votando só por vós*), e nunca o seu amor enfraquecerá (*sem ser no vosso amor achado em falta*).

Como ensina Maria de Lourdes Saraiva na *Lírica completa*, "a engenhosa composição é uma intencional prova de virtuose formal, de que há outros exemplos em Camões. Ver as redondilhas 'Corre sem vela e sem leme' e 'Sois ũa dama'".

Esse soneto permite e estimula outras possibilidades de leitura. Partido em duas colunas, apresenta-se como um labirinto, permitindo que se leia cada coluna separadamente e também, por exemplo, da seguinte forma cruzada: *vencido está de amor/ vencida a vida/ sujeita a vos servir/ a vosso intento...*

SONETO XVI

Na ribeira de Eufrates assentado,
Discorrendo me achei pela memória
Aquele breve bem, aquela glória,
Que em ti, doce Sião, tinha passado.

5 Da causa de meus males perguntado
Me foi: Como não cantas a história
De teu passado bem e da vitória
Que sempre de teu mal hás alcançado?

Não sabes, que a quem canta se lhe esquece
10 O mal, inda que grave e rigoroso?
Canta, pois, e não chores dessa sorte.

Respondi com suspiros: Quando cresce
A muita saudade, o piedoso
Remédio é não cantar senão a morte.

(1668, 18)

---

1 *Eufrates*: rio da Babilônia, representa o Oriente, a Índia.
2 *discorrendo pela memória*: passeando pela memória, pelas recordações.
4 *Sião*: terra de onde os judeus foram desterrados, na *Bíblia*; representa Portugal, a pátria.
6 *como*: por que.
11 *dessa sorte*: dessa forma.
14 *remédio*: cura, solução.

COMENTÁRIO AO SONETO XVI

Quem canta seus males espanta

Trata-se de um poema dialogado, a duas vozes. O sujeito lírico é interpelado por alguém e em seguida responde. No cancioneiro manuscrito de Madri, esse soneto vem a seguir às famosas redondilhas *Sôbolos rios que vão*, com a seguinte rubrica: "soneto do mesmo sobre o Salmo atrás". O salmo referido é o 136, *Super flumina Babylonis*, que é glosado – comentado, desenvolvido – nas redondilhas e é objeto também do soneto *Cá nesta Babilônia, donde mana*. Babilônia, representada nesse soneto pelo rio Eufrates, designa figuradamente o desterro, a Índia, o Oriente, o mal presente, e Sião, a terra prometida, a pátria abandonada, o bem passado.

O poema é como que uma ilustração do ditado "quem canta seus males espanta". Ao lamentar o seu presente infeliz na Índia (*Eufrates*), relembrando o seu breve bem, passado na pátria, Sião, metaforicamente Portugal, o sujeito lírico é questionado por um interlocutor. Perguntam-lhe por que não reconhece que o canto, a poesia, vence o mal (*a vitória/ que sempre de teu mal hás alcançado*), ao fazer com que seja esquecido (*não sabes, que a quem canta se lhe esquece/ o mal*).

A resposta coaduna-se com o que se esperava de um autêntico "triste": quando a saudade do passado é imensa, a única solução é cantar a morte. De outra perspectiva, podemos ver aí uma descrença no poder do canto, um desencanto com a eficácia da poesia: o sujeito poético não acredita mais que a poesia seja capaz de espantar o mal, como afirma o seu interlocutor citando o conhecido ditado, por isso declara que só lhe resta cantar o seu próprio fim.

Há uma variante no manuscrito de Madri, que simplifica bastante a leitura do verso 9: *Não sabes que cantando se esquece*. Em lugar do rebuscado e não tão melodioso *Não sabes, que a quem canta se lhe esquece*.

Outros poetas escreveram poemas sobre Babilônia (o mal presente) e Sião (o bem passado), o que indica o quanto essa era uma questão poético-existencial que muitos queriam debater. Faria e Sousa inclui na sua edição das rimas camonianas alguns sonetos desse gênero, pinçados em manuscritos.

SONETO XVII

Ah minha Dinamene, assi deixaste
Quem não deixara nunca de querer-te?
Ah, Ninfa minha, já não posso ver-te,
Tão asinha esta vida desprezaste?

5   Como já para sempre te apartaste
De quem tão longe estava de perder-te?
Puderam estas ondas defender-te,
Que não visses quem tanto magoaste?

Nem falar-te somente a dura morte
10 Me deixou, que tão cedo o negro manto
Em teus olhos deitado consentiste.

Ó mar, ó céu, ó minha escura morte!
Que pena sentirei, que valha tanto,
Que ainda tenho por pouco o viver triste?

(1668, 33)

---

1 Na edição de Álvares da Cunha, a primeira a registrar o poema, está "assi duraste". Aqui se adota a lição do *Cancioneiro de Luís Franco*, "deixaste".
4 *asinha*: rapidamente.
5 *apartaste*: afastaste.
6 *tão longe estava de perder-te*: a morte dela estava distante, era jovem.
7 *defender-te*: impedir-te.
10 *negro manto*: morte.
11 *deitado*: colocado sobre; o negro manto foi posto sobre os olhos da amada.
12 No cancioneiro de Luís Franco: "escura sorte".
13 *pena*: dor, sofrimento.
13 Deve ser lido: "qu'inda tenho [...]".

COMENTÁRIO AO SONETO XVII

Lamentos em sequência

Mais um soneto do chamado ciclo de Dinamene, tradicionalmente tida como a namorada chinesa perdida em um naufrágio que o poeta sofreu no delta do rio Mekong, no atual Vietnã. Dinamene aqui é a ninfa gentil que foi subtraída pelas águas tão subitamente (*tão asinha esta vida desprezaste*), não deixando nem mesmo tempo para despedidas (*nem falar-te somente a dura morte/me deixou*). Os versos *puderam estas ondas defender-te,/ que não visses quem tanto magoaste* significam que as ondas a impediram de ver aquele que a amava e que com sua morte tanto se magoou.

O poema é um lamento, uma imprecação ao destino, e elenca queixas sombrias e desesperadas motivadas sobretudo pelo inesperado do falecimento da amada (*como já para sempre te apartaste/ de quem tão longe estava de perder-te?*). Os dois versos finais, a exemplo do soneto acima, também elevam o sofrimento ao paroxismo, com uma imagem hiperbólica: viver triste ainda é pouco para descrever seu inenarrável sofrimento.

O poema se estrutura quase todo em uma sequência de perguntas, dirigidas a Dinamene, a ninfa perdida. No primeiro terceto ainda seguem as lamentações, agora em tom narrativo, e finalmente o poema fecha-se com uma invocação ao mar, ao céu e ao destino, finalizando com uma pergunta.

Na primeira edição, organizada por Álvares da Cunha, e nos manuscritos, o soneto vem encimado pela rubrica "À Dinamene morta nas águas".

O nome da amada não era uma exclusividade camoniana. Na écloga terceira de Garcilaso, entre as quatro ninfas que ali surgem, temos Dinamene, que, entre outras coisas, se concentra em tecer uma imagem do conhecido mito de Apolo e Dafne. Apolo, o deus da poesia, é retratado na caça (uma metáfora para o jogo amoroso), e Cupido, que queria vingar-se dele, acerta-o com uma flecha de ouro, provocando nele paixão por Dafne. Esta o repele, Apolo a persegue, mas, quando enfim consegue pegá-la, Dafne transforma-se em um loureiro, cujas folhas virão a coroar os poetas. A relação de Dinamene com a poesia, com o louro e o amor não correspondido pode ter levado Camões a eleger esse nome e não outro, como Climene, Filódoce ou Nice – para representar o seu amor perdido.

SONETO XVIII

O tempo acaba o ano, o mês e a hora,
A força, a arte, a manha, a fortaleza,
O tempo acaba a fama e a riqueza,
O tempo o mesmo tempo de si chora.

5   O tempo busca, e acaba o onde mora
Qualquer ingratidão, qualquer dureza,
Mas não pode acabar minha tristeza,
Enquanto não quiserdes vós, senhora.

O tempo o claro dia torna escuro,
10 E o mais ledo prazer em choro triste,
O tempo a tempestade em grã bonança.

Mas de abrandar o tempo estou seguro
O peito de diamante, onde consiste
A pena e o prazer desta esperança.

(1668, 40)

---

2 *manha*: habilidade, destreza em armas.
2 *fortaleza*: força física.
5 *o onde mora*: onde moram os sentimentos de ingratidão e de dureza.
11 *o tempo a tempestade em grã bonança*: o tempo torna a tempestade em [...].
13 *peito de diamante*: a resistência inquebrantável da mulher amada; expressão criada por Petrarca.
14 *pena*: dor, sofrimento.

COMENTÁRIO AO SONETO XVIII

O tempo e a dama sem piedade

O tempo vence tudo, só não vence a tristeza do sujeito lírico e o amor que sente. É um amor cuja perseverança vence o tempo. Contudo, diz o último terceto, realizando a guinada final, só há um outro elemento capaz de vencer as mudanças trazidas pelo passar do tempo: a dureza da amada (*peito de diamante*), que insiste em rejeitá-lo. O amor que sente por ela e a rejeição dela por ele são eternos como o tempo. Puro artifício literário e desenvolvimento de um tópico utilizado desde os trovadores medievais.

O poema é dividido em duas partes. Na primeira, composta pelos quartetos, as sentenças e os ditados acerca da inexorabilidade do tempo que tudo consome ilustram o amor inquebrantável: o tempo acaba com os anos, a força, a fama, com a ingratidão, só não pode acabar com a infelicidade do namorado enquanto a amada não corresponder aos seus sentimentos. Mas a dama aqui é aquela "sem piedade" dos poemas medievais. E ela é o objeto da segunda parte do poema, composta pelos tercetos. Pares opositivos, antíteses poéticas (*o claro dia torna escuro/ o mais ledo prazer em choro triste*) são chamados a testemunhar que o tempo tudo muda. Tudo, exceto a inamovível senhora, a do peito de diamante, coração impenetrável.

Nos últimos versos, o sujeito poético afirma ter certeza de que o peito de diamante é tão forte que abrandará o tempo, ou melhor, dobrará, vencerá o tempo. Para finalizar, temos um famoso par opositivo do léxico amoroso: a dor e o prazer de amar são produtos da rejeição sofrida, do coração inexpugnável da dama.

SONETO XIX

A fermosura desta fresca serra,
E a sombra dos verdes castanheiros,
O manso caminhar destes ribeiros,
Donde toda a tristeza se desterra,

5 O rouco som do mar, a estranha terra,
O esconder do sol pelos outeiros,
O recolher dos gados derradeiros,
Das nuvens pelo ar a branda guerra.

Enfim tudo o que a rara natureza
10 Com tanta variedade nos ofrece,
Me está, se não te vejo, magoando.

Sem ti, tudo me enoja e me aborrece,
Sem ti, perpetuamente estou passando,
Nas mores alegrias, mor tristeza.

(1668 – II, 6)

1 *fermosura*: formosura.
5 *estranha*: rara, não vulgar.
8 *branda guerra*: guerra de cores nas nuvens durante o crepúsculo.
10 *ofrece*: oferece.
11 *magoando*: ferindo.
12 *enoja*: entristece, enluta.
14 *mores*: maiores.

COMENTÁRIO AO SONETO XIX

Os tristes

Estamos novamente no ambiente bucólico, pastoril, e sob a influência dos temas literários a ele relacionados (lamentos, queixas amorosas, a distância da amada etc.).

A paisagem idealizada, localizada numa região litorânea, a fresca serra, a sombra dos castanheiros, os ribeiros que vagarosamente correm (*manso caminhar*) compõem o primeiro quarteto, que funciona como uma pintura de um cenário em movimento. A dinâmica do quadro é acentuada no segundo quarteto, onde o tempo entra em cena: vemos o pôr do sol sobre a rara (*estranha*) terra, o som do mar ao anoitecer, os pastores recolhendo os últimos rebanhos, as nuvens que mudam de cor com o crepúsculo (*pelo ar a branda guerra*). Esse cenário é montado a partir de uma sequência de versos que são como quadros, fotogramas, cada um deles correspondendo a uma sentença. Nesse *locus amenus* crepuscular, *toda a tristeza se desterra*, ou seja, as tristezas humanas são desterradas, levadas embora pela impactante beleza da natureza.

O primeiro terceto realiza a curva necessária aos bons sonetos, o desvio do que até ali vinha sendo delineado, e internaliza a paisagem, deslocando-a para a subjetividade do enunciador, para os sentimentos do sujeito: toda aquela beleza (*variedade*) da natureza descrita nos quartetos na verdade entristece (*magoa*) o namorado, pois este não vê ali a mulher amada, ela está distante.

O poema se fecha com uma declaração do sujeito poético, que atua como um pastor das éclogas tão lidas naquele tempo, caracterizadas pela melancolia desmedida. A conclusão é articulada a modo de antítese: mesmo as alegrias (a *variedade* da *rara natureza*) são vividas como tristezas.

O manuscrito conhecido como cancioneiro de *Corte e Magnates* atribui esse soneto a dom Manuel de Portugal, um contemporâneo próximo a Camões. Membro de uma importante família da alta nobreza portuguesa, dom Manuel foi objeto de um poema do amigo, que lhe escreve versos agradecendo o mecenato. Daí se infere que a família dos condes de Vimioso teria de alguma forma financiado os labores do poeta em algum momento de sua vida.

A atribuição desse soneto a Camões é controvertida. Antonio Cirurgião e Gordon Jensen, em artigo de 1973, sustentam que é de autoria de dom Manuel de Portugal.

Há uma curiosa anedota sobre esse poema, envolvendo Bocage, relatada por Maria de Lourdes e José Hermano Saraiva em sua edição dos sonetos de Camões: "W. Beckford, escritor inglês que esteve em Portugal nos fins do século XVIII, escreveu que Bocage lhe recitou esse soneto para o convencer de que Camões fora grande poeta lírico, acrescentando: 'Se alguma coisa sou, foi esse soneto que fez de mim o que sou'".

A sonoridade suave e o ritmo balançante do poema, além de sua qualidade etérea, começando com a beleza crepuscular e terminando em tristeza subjetiva, fizeram dele um dos preferidos do século XVIII em diante.

SONETO XX

O dia em qu'eu nasci moura e pereça,
Não o queira jamais o tempo dar,
Não torne mais ao mundo e, se tornar,
Eclipse nesse passo o sol padeça.

5   A luz lhe falte, o sol se lh'escureça,
Mostre o mundo sinais de se acabar,
Nasçam-lhe monstros, sangue chova o ar,
A mãe ao próprio filho não conheça.

As pessoas pasmadas, de ignorantes,
10 As lágrimas no rosto, a cor perdida,
Cuidem que o mundo já se destruiu.

Ó gente temerosa, não te espantes,
Qu'este dia deitou ao mundo a vida
Mais desventurada que se viu!

(1861, 339)

---

1 *moura*: forma antiga de morra.
1 *pereça*: do verbo perecer; extinguir, desaparecer.
3 *torne*: volte.
4 *nesse passo o sol padeça*: que nesse momento o sol sofra [um eclipse].
11 *cuidem*: pensem.
12 *temerosa*: medrosa.
13 *deitou*: lançou.
14 Falta uma sílaba métrica neste verso no *Cancioneiro de Luís Franco*, cuja versão editamos aqui. No *Cancioneiro de Fernandes Tomás*, o problema é resolvido com a seguinte variante: "mais desaventurada que se viu".

COMENTÁRIO AO SONETO XX

Apocalipse pessoal

Apesar de só ter sido publicado quase 300 anos após ser escrito, na importante edição do Visconde de Juromenha, já no século XIX, esse poema está presente em dois manuscritos do século XVI nos quais é copiado sem indicação de autoria, e em um do século XVII que o atribui a Camões. Famosíssimo e camoniano até a raiz dos cabelos, com as rimas em *antes* (rimar *ignorantes* com *espantes* não é para qualquer um!) e a sua invocação característica (Ó *gente temerosa*), como nos ensina o professor Hélio J. Alves em um importante artigo, esse soneto figura como uma espécie de emblema da vida do poeta de *Os Lusíadas*, sintetizando a apreciação geral depois de séculos de biografias camonianas e de leituras de seus poemas: *a vida mais desventurada que se viu*. Ou, como corrigiu o Visconde de Juromenha em sua edição, mais ao gosto romântico do século XIX, para emendar a suposta falta de uma sílaba métrica: *a vida mais desgraçada que jamais se viu!*

O fato de haver sido copiado em três cancioneiros manuscritos, que apresentam algumas variantes nos versos (*eclipse nesse passo, eclipse nesse espaço; o sol escureça, o céu se escureça* etc.), e também por ter sofrido uma adaptação registrada em outro cancioneiro – quase uma paródia –, demonstra ter sido, desde sempre, um favorito.

O professor francês Roger Bismut lhe achou um tom exagerado e bufão, digno de um François Villon (poeta francês do século XV), com o qual Camões se irmanaria na vida boêmia. Cleonice Berardinelli, em sua monumental edição dos sonetos, sai em defesa de Camões: "Na verdade, nunca pudemos considerar este soneto senão como uma desesperada maldição, um anátema lançado pelo Poeta contra a própria existência, sem nada de burlesco ou de bufão. Muito possivelmente influenciado pela primeira parte do cap. III do livro de Jó".

Como observam José Hermano e Maria de Lourdes Saraiva em sua edição anotada dos sonetos, mais uma vez Camões parte de um motivo, mas o recria: "as quadras seguem de perto o texto bíblico; os dois tercetos afastam-se, contudo, no sentido de uma interpretação original e extremamente dramática".

Diz Jó, confrontando o próprio Deus, após ter sofrido as piores desgraças: "Desapareça o dia em que nasci... converta-se esse dia em trevas!". A partir daí, Camões cria um apocalipse pessoal para marcar o dia do seu nascimento, descrito com uma enumeração de imagens impactantes, sentenças sonoras cheias de aliterações (*eclipse nesse passo o sol padeça*), alternando versos bimembrados (*as pessoas pasmadas, de ignorantes*) e outros inteiros (*cuidem que o mundo já se destruiu*). Um poema que pede a leitura em voz alta para sua boa realização.

O tema escolhido estava em alta entre os humanistas. "O *topos* do dia maldito encontra-se tão difundido que se torna expressão quase estereotipada, também para além do domínio da poesia. Na verdade, a atitude desesperada e melancólica de quem se deseja a si próprio uma total destruição pessoal traduz-se numa espécie de moda poética dos séculos XIV e XV", explica-nos o professor Roberto Giglicucci.

Já na segunda metade do século XVI, em Portugal, na vigência da ortodoxia estreita da Santa Inquisição, o *topos* devia ser considerado sacrílego, herege, mesmo que partindo de uma passagem da *Bíblia*, daí o poema ter esperado 300 anos para ser publicado em livro impresso.

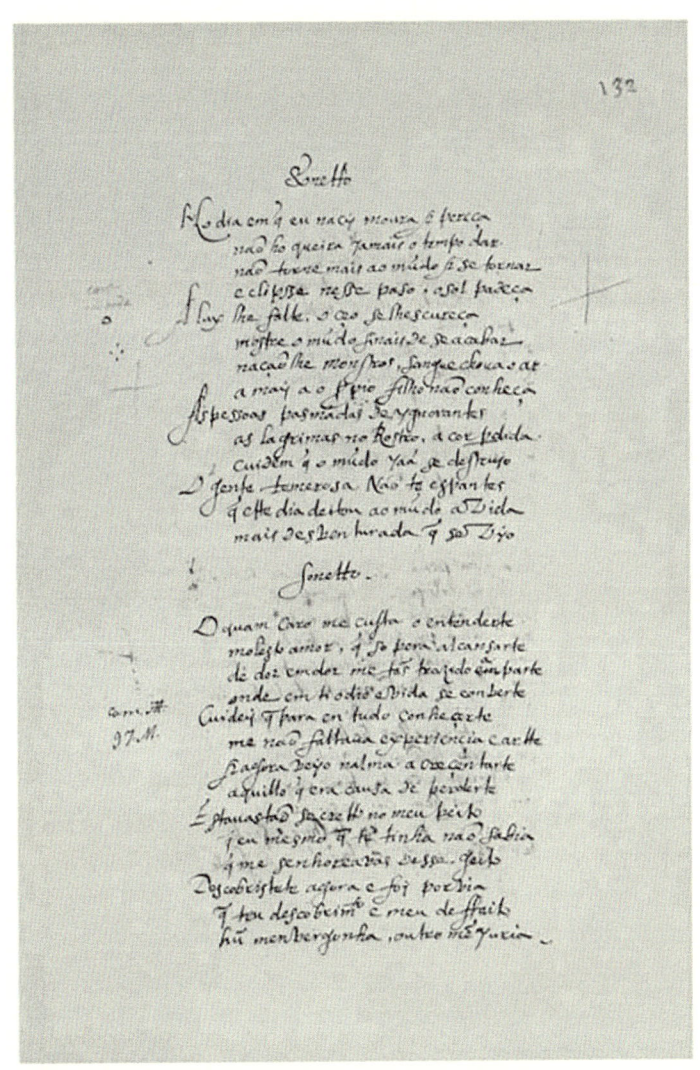

Figura 12 – Página do manuscrito *Cancioneiro de Luís Franco Correa*, 1557-1589, com o soneto *O dia em qu'eu nasci moura e pereça*.

BIBLIOGRAFIA

Fontes dos poemas

CAMÕES, Luís de. *Rhythmas: Divididas em cinco partes / de Luis de Camões*. Lisboa, Manoel de Lyra, à custa de Estevão Lopes, 1595.

___. *Rimas de Luis de Camões. Acrescentadas nesta segunda impressão.* Lisboa, Pedro Crasbeeck, à custa de Estevão Lopes, 1598. [Reprodução facsimilada da edição de 1598. Braga, Universidade do Minho, 1980.]

___. *Rimas de Luis de Camões. Agora novamente impressas com duas comedias do autor. Com dous epitafios feitos a sua sepultura e hum prologo em que conta a vida do author.* Lisboa, Pedro Craesbeeck, à custa de Domingos Fernandez, 1616.

___. *Terceira parte das Rimas do príncipe dos poetas portugueses Luís de Camões.* Por d. Antônio Álvares da Cunha. Lisboa, Antônio Craesbeeck de Mello, 1668.

___. *Obras de Luís de Camões. Precedidas de um ensaio biográfico no qual se relatam alguns fatos não conhecidos da sua vida. Aumentadas com algumas composições inéditas do poeta pelo Visconde de Juromenha*, vol. II. Lisboa, Imprensa Nacional, 1861.

Cancioneiro de Luís Franco Correa, 1557-1589. Lisboa, Comissão Executiva do IV Centenário da Publicação de "Os Lusíadas", 1572.

Obras consultadas

ALI, Manuel Said. *Versificação portuguesa*. São Paulo, Edusp, 2006.
ALIGHIERI, Dante. *La vida nueva*. Tradução e notas de Julio Martínez Mesanza. Prólogo de Carlos Alvar. Madrid, Siruela, 1985.
ALVES, Hélio J. S. "Ainda a propósito do soneto 'O dia em que eu nasci moura e pereça'". *Diacrítica*, n. 23/3. Braga, 2009, pp. 213-226.
ANASTÁCIO, Vanda. "Pensar o petrarquismo". *Revista Portuguesa de História do Livro*, ano VIII, n. 16. Lisboa, 2005, pp. 41-80.
BARANDA, Nieves. "Escritoras sin fronteras entre Portugal y España en el Siglo de Oro (con unas notas sobre dos poemas femeninos del siglo XVI)". *Península, Revista de Estudos Ibéricos*, n. 2. Porto, 2005, pp. 219-236.
BERARDINELLI, Cleonice. *Sonetos de Camões. Corpus dos sonetos camonianos*. Rio de Janeiro/Paris, Fundação Casa de Rui Barbosa/Centre Culturel Portugais Lisbonne-Paris, 1980.
BERNARDES, José Augusto Cardoso (org.). *História crítica da Literatura Portuguesa*, vol. II – *Humanismo e Renascimento*. Lisboa, Verbo, 1999.
BLUTEAU, Rafael & SILVA, Antônio de Morais. *Dicionário da língua portuguesa*. Lisboa, Simão Thadeo Ferreira, 1789.
BOSCÁN, Juan. *Obra completa*. Edição de Carlos Clavería. Madrid, Cátedra, 1999.
BURELL, Consuelo. "Introducción". *In*: VEGA, Garcilaso de la. *Poesía castellana completa*. Edição de Consuelo Burell. Madrid, Cátedra, 2008.
CAMÕES, Luís de. *Obras completas*, vol. 1 – *Redondilhas e sonetos*. Prefácio e notas de Hernâni Cidade. Lisboa, Sá da Costa, 1985.
——. *Teatro de Camões*. Apresentação, notas, glossário e fixação dos textos de Márcio Muniz. Rio de Janeiro, Oficina Raquel, 2014.
CANCIONEIRO de Fernandes Tomás. Fac-símile do exemplar único. Edição do Museu Nacional de Arqueologia e Etnologia com preâmbulo de D. Fernando de Almeida. Lisboa, Ministério da Educação Nacional, 1971.

CAPPELLI, Guido M. "Introducción". *In*: PETRARCA, Francesco. *Triunfos*. Edição bilíngue de Guido M. Cappelli. Madrid, Cátedra, 2003.

CASTIGLIONE, Baldassare. *O cortesão*. Tradução de Carlos Nilson Moulin Louzada. Prefácio de Alcir Pécora. São Paulo, Martins Fontes, 1997.

CASTRO, Aníbal Pinto de. "Boscán e Garcilaso no lirismo português do Renascimento e do Maneirismo". *Península, Revista de Estudos Ibéricos*, n. 1. Porto, 2004, pp. 65-95.

COUTO, Diogo do. (Ver CRUZ)

CRUZ, Maria Augusta Lima. *Diogo do Couto e a Década 8ª da Ásia*. Edição crítica e comentada de uma versão inédita por Maria Augusta Lima Cruz. Lisboa, IN-CM, 1993.

DASILVA, Xosé Manuel. "Para uma caracterização do soneto-prólogo na poesia camoniana". *Revista Camoniana*, 3ª serie, vol. 12. Bauru, 2002, pp. 55-99.

FARIA E SOUSA, Manuel de (ed.). *Rimas várias de Luís de Camões. Comentadas por Manuel de Faria e Sousa*, tomos I e II. Lisboa, Theotonio Damaso de Mello, 1685.

FARIA, Manuel Severim de. "Vida de Luís de Camões". *Discursos vários políticos*. Évora, Manoel Carvalho, 1624.

FERREIRA, Antônio. *Poemas Lusitanos*. Edição crítica, introdução e comentário de T. F. Earle. Lisboa, Fundação Calouste Gulbenkian, 2000.

GIGLIUCCI, Roberto. "O dia em que eu nasci, moura e pereça". *In*: MARNOTO, Rita (coord.). *Comentário a Camões*, vol. 4 – *Sonetos, redondilhas*. Coimbra/Genebra, Ciec/CEL, 2016.

HERRERA, Fernando de. "Anotaciones". *In*: VEGA, Garcilaso de la. *Obras de Garcilasso dela Vega con anotaciones de Fernando de Herrera*. Sevilla, Alonso de la Barreira, 1580.

HUE, Sheila (ed.). *Antologia de poesia portuguesa – Século XVI. Camões entre seus contemporâneos*. Rio de Janeiro, 7Letras, 2007.

KENNEDY, William J. "European beginnings and transmissions: Dante, Petrarch and the sonnet sequence". *In*: COUSINS, A. D.

& HOWARTH, Peter (eds.). *The Cambridge Companion to the Sonnet*. Cambridge, Cambridge University Press, 2011. Disponível em: <https://www.cambridge.org/core>. Acesso em: 30/11/2017.

LOURENÇO, Frederico. *De Álcman a Teócrito*. Organização, tradução e notas de Frederico Lourenço. Lisboa, Cotovia, 2006.

LUCAS, João de Almeida. *Sonetos de Luís de Camões*. Prefácio, seleção, notas e bibliografia de João de Almeida Lucas. Lisboa, Livraria Clássica Editora, 1969.

MACEDO, Helder. "Luís de Camões e o testemunho das cartas". *Floema*, ano VI, n. 7. Vitória da Conquista, 2010, pp. 33-41.

MARCH, Ausias. *Antología poética*. Edição bilíngue. Tradução de Juan Antonio Icardo. Prólogo de Ricardo Bellveser. Madrid, Huerga & Fierro, 1997.

___. Traducción de los *Cantos de amor* de Ausiàs March / traducidos al castellano por Jorge de Montemayor. Biblioteca Virtual Miguel de Cervantes, 2005. [Edición digital a partir de *Poesía completa*. Edición de Juan Bautista Avalle-Arce. Madrid, Fundación José Antonio de Castro, 1996, pp. 1.065-1.257. Disponível em: <http://www.cervantesvirtual.com/nd/ark:/59851/bmcw66g1>.]

MARCH, Robert. *Física para poetas*. Cidade do México, Siglo Vientiuno Editores, 2003.

MARNOTO, Rita. "Amor é um fogo que arde sem se ver". *Comentário a Camões*, vol. 1 – *Sonetos*. Lisboa, Ciec/Cotovia, 2012.

MARTINS, José V. de Pina. "Camões et la pensée platonicienne de la Renaissance". *Visages de Luís de Camões*. Série Histórica & Literária, vol. X. Paris, Fundação Calouste Gulbenkian-Centro Cultural Português, 1972.

MATOS, Maria Vitalina Leal (ed.). *Lírica de Luís de Camões*. Seleção, notas e glossário de Maria Vitalina Leal de Matos. Lisboa, Caminho, 2012a.

___. "Biografia de Luís de Camões". *In*: SILVA, Vítor Aguiar e (dir.), *Dicionário de Luís de Camões*. Lisboa, Caminho, 2012b.

MILÁN, Luis. *Libro de motes de damas y caualleros: Intitulado el juego de mandar*. Valencia, Francisco Díaz Romano, 1535.

___. *Libro intitulado el cortesano*. Valencia, Juan de Arcos, 1561.

MIRANDOLA, Pico della. *Discurso sobre la dignidad del hombre.* Tradução e prólogo de Antonio Tulián. Buenos Aires, Longseller, 2003.

NICOLAS, Marie-Joseph. "Vocabulário da *Suma Teológica*". *In*: AQUINO, Tomás de. *Suma Teológica*, vol. 1. São Paulo, Loyola, 2003.

OSÓRIO, Jorge Alves. "Luís de Camões e Ausias March". *Península, Revista de Estudos Ibéricos*, n. 0. Porto, 2003, pp. 171-183.

___. "Camões em Babilónia: 'Sobre os Rios', glosa de salmo e poética". *Via Spiritus*, vol. 12. Porto, 2005, pp. 7-40.

PETRARCA, Francesco. *Cancionero I.* Edição bilíngue de Jacobo Cortines. Madrid, Cátedra, 2006.

___. *Cancionero II.* Edição bilíngue de Jacobo Cortines. Madrid, Cátedra, 2008.

PICCHIO, Luciana Stegagno. "O canto molhado: Contributo para o estudo das biografias camonianas". *Arquivos do centro cultural português*, vol. XVI (dedicado a Camões). Paris, Fundação Calouste Gulbenkian, 1981, pp. 243-265.

PINHO, Sebastião Tavares de. *Amar pela activa e amar pela passiva, ou dialéctica do amor no Auto do Filodemo.* Lisboa, Departamento de Letras da Universidade Católica Portuguesa. Disponível em: <http://hdl.handle.net/10316.2/24039>. Acesso em: 3/1/2018.

RAMALHO, Américo da Costa. *Camões no seu tempo e no nosso.* Coimbra, Almedina, 1992.

RAVASINI, Ines. "Poesía y vida de corte: Los sonetos en *El cortesano* de Luis Milán". *Revista de Poética Medieval*, n. 28. Alcalá de Henares, 2014, pp. 335-357.

SALGADO JÚNIOR, Antônio (ed.). *Luís de Camões. Obra completa.* Organização, introdução, comentários e anotações de Antônio Salgado Júnior. Rio de Janeiro, Aguilar, 1963.

SANNAZARO, Jacopo. *The piscatory eclogues of Jacopo Sannazaro.* Baltimore, The Johns Hopkins University Press, 1914.

SANTO TOMÁS de Aquino. *Questões disputadas sobre a alma.* Rio de Janeiro, É Realizações, 2017.

SARAIVA, Maria de Lourdes. *Luís de Camões. Lírica completa*, 3 vols. Prefácio e notas de Maria de Lourdes Saraiva. Lisboa, IN-CM, 1980.

SARAIVA, Maria de Lourdes & SARAIVA, José Hermano. *Camões – Sonetos*. Introdução, fixação do texto, comentário e notas de Maria de Lourdes e José Hermano Saraiva. Lisboa, Europa-América, s.d.

SILVA, Vítor Aguiar e. A lira dourada e a tuba canora. Novos ensaios camonianos. Lisboa: Cotovia, 2008.

TOCCO, Valeria. "Quando de minhas mágoas a comprida". *In*: MARNOTO, Rita (coord.). *Comentário a Camões*, vol. 4 – *Sonetos, redondilhas*. Coimbra/Genebra, Ciec/CEL, 2016.

VEGA, Garcilaso de la. *Poesía castellana completa*. Edição de Consuelo Burell. Madrid, Cátedra, 2008.

VITERBO, Joaquim de Santa Rosa de, *Elucidário*. Lisboa, A. J. Fernandes Lopes, 1865.

FONTES DAS FIGURAS

Figura 1 – Imagem de uma pena de escrever.
Fonte: Gerard Mercator, *Litterarum latinarum*, Lovaina, 1540.
<http://reader.digitale-sammlungen.de/de/fs1/object/display/bsb11061986_00014.html>

Figura 2 – Licença da Santa Inquisição.
Fonte: *Rimas de Luís de Camões – Segunda parte*, Lisboa, 1616.
<http://purl.pt/14096/3/#/9>

Figura 3 – Detalhe da obra *O Parnaso*, de Rafael, 1511 (Palácio do Vaticano).
Fonte: <https://commons.wikimedia.org/wiki/File:Rapha%C3%ABl_-_Le_Parnasse_(d%C3%A9tail_Apollon).jpg>

Figura 4 – Figuras de cortesãos.
Fonte: *Libro de motes* de Luis Milán, Valência, 1535.
<http://bdh-rd.bne.es/viewer.vm?id=0000152169&page=1>

Figura 5 – "Levantai-vos e dizei...".
Fonte: *Libro de motes* de Luis Milán, Valência, 1535.
<http://bdh-rd.bne.es/viewer.vm?id=0000152169&page=1>

Figura 6 – *Retrato de Camões na prisão*, de autoria desconhecida.
Fonte: <https://upload.wikimedia.org/wikipedia/commons/a/a8/Cam%C3%B5es_na_pris%C3%A3o.jpg>

Figura 7 – *Retrato de Luís de Camões*, por Fernão Gomes (1548-1612).
Fonte: <https://pt.wikipedia.org/wiki/Fern%C3%A3o_Gomes_(pintor)>

Figura 8 – Retrato feito a partir de relatos dos que conheceram o poeta em Goa, de autoria desconhecida, 1581.
Fonte: <https://commons.wikimedia.org/wiki/File:Camoes_-_retrato_de_goa_2b.jpg>

Figura 9 – *Retrato*, por Andries Pauwels.
Fonte: *Vida de Luís de Camões*, de Manuel Severim de Faria. *Discursos vários políticos*, Lisboa, 1624.
<https://archive.org/stream/discursosvariosp00fari#page/n193/mode/2up>

Figura 10 – Retrato na edição de *Os Lusíadas* de 1817, realizada pelo Morgado de Mateus.
Fonte: *Os Lusíadas*, Paris, Martin Didot, 1819; edição realizada por José Maria de Sousa Botelho.
<https://archive.org/details/oslusiadaspoemae00camuoft>

Figura 11 – Página da primeira edição da poesia lírica.
Fonte: *Rhythmas de Luís de Camões*, Lisboa, 1595.
<http://purl.pt/14880/3/#/25>

Figura 12 – Soneto *O dia em qu'eu nasci moura e pereça*.
Fonte: *Cancioneiro de Luís Franco Correa, 1557-1589*. Comissão Executiva do IV Centenário da Publicação de "Os Lusíadas", Lisboa, 1972.

Título	20 Sonetos
Autor	Luís de Camões
Introdução e edição comentada	Sheila Hue
Coordenador editorial	Ricardo Lima
Secretário gráfico	Ednilson Tristão
Preparação dos originais	Beatriz Marchesini
	Lúcia Helena Lahoz Morelli
Revisão	Beatriz Marchesini
Editoração eletrônica	Silvia Helena P. C. Gonçalves
Design de capa	Ednilson Tristão
Formato	14 x 21 cm
Papel	Pólen soft 80 g/m^2 – miolo
	Cartão supremo 250 g/m^2 – capa
Tipologia	Garamond Premier Pro
Número de páginas	144

ESTA OBRA FOI IMPRESSA NA GRÁFICA CS
PARA A EDITORA DA UNICAMP EM DEZEMBRO DE 2020.